ぷかぷかな物語

障がいのある人と一緒に、今日もせっせと街を耕して

NPO法人ぷかぷか　理事長
高崎　明

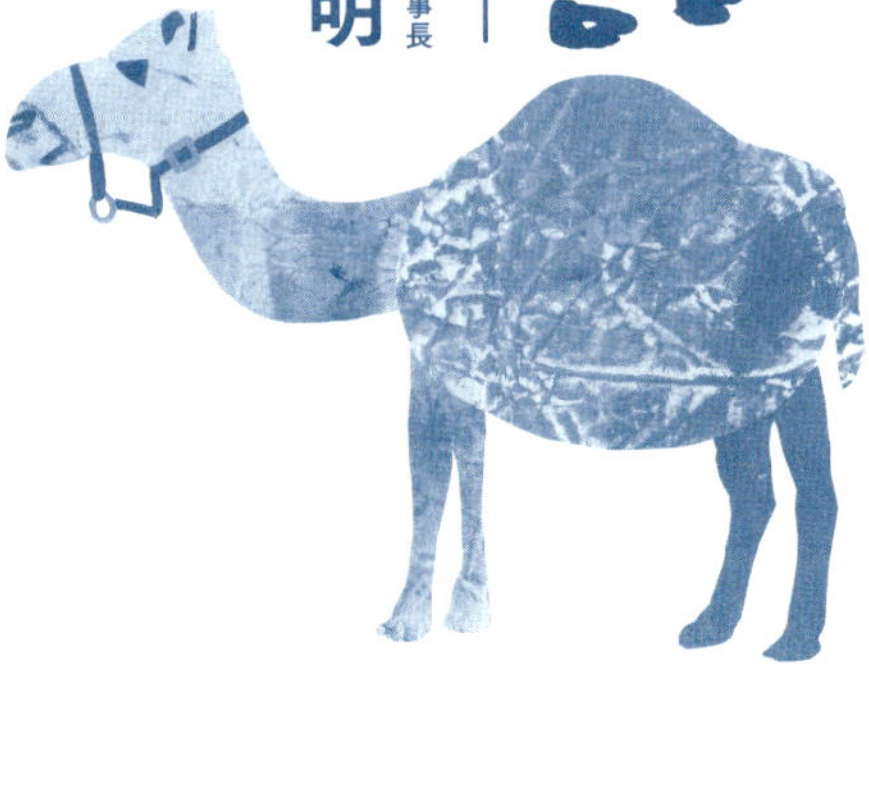

現代書館

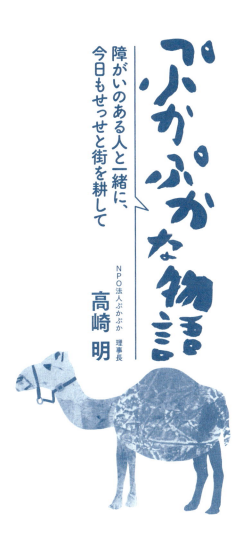

ぷかぷかな物語

木を相手にワークショップ。木に耳をあて、中を流れる水をイメージしました。
黒い線がそれ。みんなで木になりました。
ぷかぷかさんたちと一緒に生きていくと、こんな楽しいことができます。
この写真こそが障がいのある人たちと一緒に生きていく理由です。
一緒に生きていくとトク！が、一目でわかります。

ぷかぷかなお店

カフェベーカリー ぷかぷか

基本材料は国産の小麦・あこ天然酵母・海塩。おいしいパンを買うと、ほっこりあたたかなお土産をもらえます。さて、お土産の中身は？

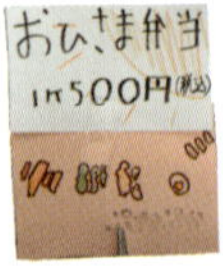

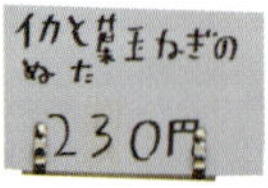

おひさまの台所

たどり着いたのはお母さんたちが
作る昔ながらの優しい素材。
美味しい味は丁寧に丁寧に下ごしらえをしているから。

農園

馬糞や調理で残ったクズ野菜で堆肥作り。そんな土作りから始まり、色々な人の知恵を借りて、安心できてとびきり美味しい、そして力強い野菜を作っています。

ぷかぷかさんの

おひるごはん

こんなお店ある? だってぷかぷかさんと一緒にお昼を食べられる!

一緒に過ごすとなんだか不思議。ぷかぷかさんの魔法にかかってしまって、にやけちゃう。

2月のぷかぷかさんのおひるごはん

			1 オムライス	2 チャプチェ	3
5 誕生日メニュー! サンドイッチ	6 お魚のソテー	7 誕生日メニュー! おろしハンバーグ マカロニサラダ	8 豚肉の生姜焼き	9 コロッケ	10 お楽しみメニュー
12 おやすみ	13 誕生日メニュー! お魚料理 野菜の煮物	14 誕生日メニュー! しゅうまい ポテトサラダ パウンドケーキ	15 鶏肉料理	16 豆カレー	18
19 肉団子のトマト煮	20 蒸し鶏	21 お魚料理	22 誕生日メニュー! すき焼き	23 誕生日メニュー! クリームシチュー	24 お楽しみメニュー
26 鶏肉にグリル	27 餃子	28 お魚料理			

ぷかぷかな世界

パン教室

ぷかぷかさんと地域の人たちが一緒にパン作りを楽しみます。発酵を待っている時間、突然「人間知恵の輪」が始まったり、ダンスや歌が始まる、とんでもなく楽しいパン教室です。

料理教室

地域の人たちと一緒に料理教室。ぷかぷかに入った頃は苦手な食べ物が多かった人も、本当の味を知り、料理も好きになります。一番は、作ったものを食べてもらうヨロコビ！

ぷかぷかマルシェ

時々楽しいお祭りをやります。ぷかぷかはただ商品を売るだけでなく、なんだかおもしろいことやるよっていうメッセージ。ぷかぷかの魅力をどう発信するかの企画力、新商品開発力が磨かれるいい機会です。

ワークショップ

ぷかぷかさんと地域の人たちが一緒に演劇ワークショップやアートワークショップを行っています。ここでは障がいのある人たちに何かやってあげる関係ではなく、新しいものをいっしょに創り出すクリエイティブな関係です。ここから今までにない新しい文化が生まれます。障がいのある人たちを社会から排除しない文化、一緒に生きていく文化です。

ぷかぷかなアート

アート工房
れんど

正しいとか正しくないとか
そんな議論は一切必要ナシ

胸がドキドキ
つい何度も見ちゃう
みんなでやったらすごいの出来ちゃった

そんな日々の繰り返し。
ぷかぷかのアートは心の「ある部分」にピタッと
張り付くような感覚におちいる作品ばかり。
それはきっとぷかぷかさんが描いたから

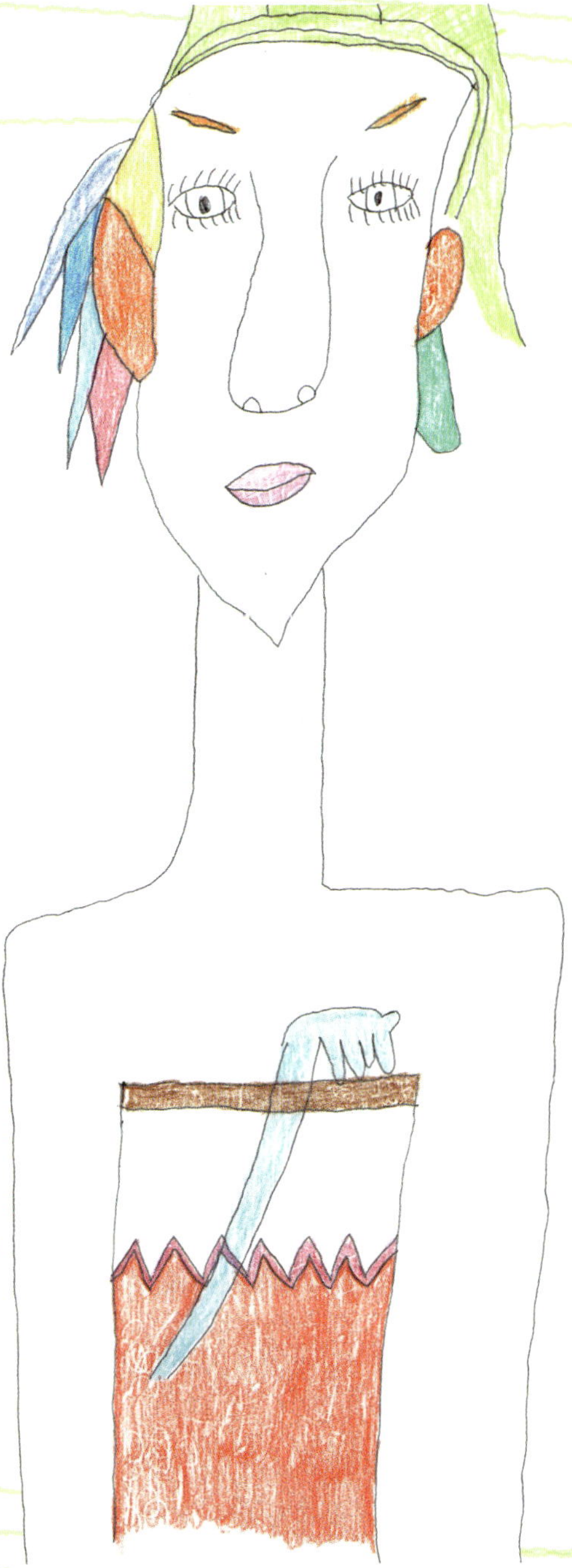

ぷかぷかなアート

ココロはずむアート展

MIYOSSY

PUKA

星
座

仲間に入いったのは、キツネ、小鳥、みみずく、タヌキ、
ネコ、ウサギ、野ネズミを入れてしまいました。

はじめに

横浜市緑区霧ヶ丘に「ぷかぷか」という面白いお店があります。パン屋、お惣菜屋、アートスタジオ、ごはん処があって、障がいのある人たちが働いています、と書くと「ああ、福祉事業所か」とたいていの人は思います。

でも「ぷかぷか」は違います。よくある「福祉事業所」とはほど遠い雰囲気です。何が違うのか。やたら明るくて、やたら楽しそう。なによりも元気！　しかもみんな笑顔で働いています。更に「ぷかぷかさん」(「ぷかぷか」で働く障がいのある人のこと)にはたくさんのファンがいます。世間では「なんとなくいやだ」とか「近寄りたくない」と思われている障がいのある人たちに、たくさんのファンがついているのです。

どうしてこんなことになったのか。

ぷかぷかさんたちは社会に合わせるのではなく、ありのままの自分で働いています。社会に合わせることがないので、自分を押し殺す必要がありません。私らしく働くことを何よりも大切にしているのです。

いい一日を過ごす、いい一日をつくる。それがみんなの目標です。

だからみんな明るいし、楽しそうだし、元気なのです。

笑顔で働くのは、仕事が面白いからです。仕事が本物だからです。ほかのお店に負けないくらいおいしいものを作っているからです。

たくさんのファンができたのは、ぷかぷかさんたちがありのままの自分で働いているからです。そのままの彼らはとても自由です。その自由さこそが彼らの魅力であり、それに、たくさんの人たちが気がついたのです。

ファンをつくることは、障がいのある人たちと健常者と言われる人たちを分けている垣根を外すことです。それは地域を耕すことです。

ぷかぷかさん、つまりは障がいのある人のファンになることは、心が豊かになることです。ファンが増えることは、地域が豊かになることです。

「あれができない、これができない」、「社会のお荷物」などと言われている障がいのある人たちですが、ぷかぷかさんたちは地域を耕し、地域を豊かにするというすばらしい仕事をやっているのです。

「ぷかぷか」は代表の高崎が養護学校教員時代、障がいのある子どもたちに惚れ込み、彼らと一緒に生きていきたいと思って始めた事業所です。ですから「障がいのある人たちとは一緒に生きていったほうがいいよ」「そのほうがトク!」と日々発信し続けています。

この「トク!」という感覚が大事です。「共生社会」をつくろうとか、共に生きよう、といった感覚ではありません。どこまでも一緒に生きていったほうが「トク!」という泥臭い感覚です。

「ぷかぷか」はぷかぷかさんたちと一緒に生きる場です。支援とかはしません。支援されているのはむしろ私たちのほうです。

ぷかぷかさんたちがいるからこそ、こんなにも活気ある楽しいお店ができ、たくさんのファンができました。地域の人たちにとっても大事なお店、場所になっています。

ぷかぷかさんたちがいるからこそ、楽しいパン教室ができたり、演劇ワークショップではすばらしい舞台ができたりします。新しい文化と言っていいほどのものを創り出しています。

ぷかぷかさんたちがいるからこそ、二〇一七年秋にはカナダのバンクーバーまで行って、世界自閉症フェスティバルに参加する、というとんでもないこともできちゃいました。そして、「ぷかぷか」のメッセージを世界中に発信したのです。

ぷかぷかさんたちがいなかったら、ただのパン屋であり、ただのお惣菜屋です。こんなに面白いことはできませんでした。

ぷかぷかさんたちがいるからこそ、みんなを元気にするような、たくさんの素敵な物語が生まれたのです。題して『ぷかぷかな物語』。「ぷかぷかの」、ではなく、「ぷかぷかな」、というところがミソです。どうしてミソなのか。そのヒミツがこの本には隠されています。さぁ、わくわくしながら探しましょう！

ぷかぷかな物語*目次

第四章 ぷかぷかのお店 56

第五章 まっすぐ前を向いて生きています——障がいのある人が働く、ということ 74

第一章　物語のはじまり

「ぷかぷかな物語」は「ぷかぷか」を立ち上げたところから始まるのですが、「ぷかぷか」の前史があります。

三〇歳のとき、通信機器を相手にする仕事から、障がいのある子どもを相手にする仕事に替わりました。そこから全く想定外の人生が始まりました。とんでもないことに、障がいのある子どもたちに惚れ込んでしまったのです。「あれができない」「これができない」と言われている子どもたちと日々「格闘」しているうちに、いつの間にか彼らに惚れ込んでしまったのです。彼らのそばにいるだけで幸せな気持ちになって、「ああ、いつもこの人たちのそばにいたいな」「この人たちと一緒に生きていきたいな」なんて思ってしまったのです。ここが「ぷかぷか」の始まりです。

1「養護学校でもいい」から福祉の世界へ

養護学校で三〇年働きました。といって最初から福祉を目指していたわけではなく、大学を卒業してからは福祉とは何の関係もない民間の会社で働いていました。

三〇歳のとき（一九七九年）、宮城教育大学学長の林竹二さんの『教育の再生を求めて』という本を読み、「う〜、こんなに面白い世界があったか」と、一念発起して、通信教育で教員免許取得の勉強。

無事採用試験に受かって喜んだのもつかの間、かちんかちんに凍った冬の富士山の頂上付近から急斜面を六〇〇メートルも滑落するという大変な事故を起こし、全部パー。ここであきらめていたらのちの「ぷかぷか」はなかったのですが、次の年、まだ病院に入院中なのに松葉杖をついてしつこく受験に行き、これが奇跡的にまた合格。ここから教育の世界に足を踏み入れることになったのです。

私は小学校を希望して受験したのですが、面接で、養護学校への希望もあるかどうか聞かれました。簡単に書くと、

1 養護学校がいい。

2 養護学校でもいい。

3 養護学校はいや。

という三つの選択肢がありました。私は障害児教育を強く希望するわけでもなく、といってすごくいやでもなく、障がいのある人たちに多少興味もあったので「養護学校でもいい」を選択しました。

「養護学校でもいい」とは、今から思えばずいぶん失礼な選択ではあったのですが、養護学校を希望する人が少なかったのか、すぐに養護学校の校長から電話が入り、思いもしなかった福祉の世界に飛び込むことになったのです。そこで障がいのある子どもたちと、人生がひっくり返るほどの出会いをしてしまいました。

2 彼らに惚れ込んでしまった

私が勤務した養護学校は知的障がいの子どもたちの学校でした。おしゃべりができない、字が読めない、着替えができない、うんこの後始末ができない……と、できないことだらけの子どもたちでした。でも、そんな子どもたちと日々格闘（本当に私にとっては「格闘」でした）するなかで、なんと彼らに惚れ込んでしまったのです。

「ゲハハ」「ガハハ」

最初に受け持ったサト君は、小学部六年生。全くおしゃべりのできないサト君は、それでもこちらの言うことや、やることは大体わかっていたのか、何やっても「ゲハハ」「ガハハ」と大笑いで反応してくれました。教員になったばかりで、下手くそな私の授業も「ゲハハ」「ガハハ」と笑い転げ、手をたたいて喜んでくれたのです。

トイレで大きなうんこが出たと私を大声で呼び、サト君の代わりにレバーを押して（サト君はそういうことができませんでした）うんこを流すと、ただそれだけで「ゲハハ」「ガハハ」と豪快に笑っていました。箱根に修学旅行に行ったときは、その大きなうんこが船のトイレに詰まって水が流れなくなり、悪戦苦闘しているうちに船のクルーズは終わってしまったことがありました。でも、サト君は悪びれた様子もなく、大きなうんこと悪戦苦闘している私のそばで、ずっと「ゲハハ」「ガハハ」と笑い転げていました。なんとかうんこを流そうと必死になりながらも、もう一緒に笑うしかなくて、そうこうしているうちに一度も景色を見ないまま箱根の船の旅は終わったのでした。

サト君は、重度の障がい児であり、何をやるにしても手がかかる人でした。それでも抱きしめたいくらい魅力ある人でした。養護学校で働き始めて、最初に担任し、その魅力で私の心をいっぺんにわしづかみにした子どもだったのです。

そばにいるだけで心が安らぎ、幸せな気持ちでした。「重度の障がい児」と言われるサト君のそばにいて味わうこの幸福感は一体何なんだろうと思いました。

その幸福感の中で「障がいのある彼らは劣っていて、私たちは優れている」という価値観がぐらつき始めたのです。今まで、優れているはずの健常者のそばにいて、こんな幸福感は味わったことがありませんでした。そばにいるだけで人を幸せな気持ちにさせる彼らって、なんかすごい人じゃん！　て素直に思ったのです。

「カンカンカン、あたりぃ！」

子どもたちと一緒に手製の紙粘土で大きな犬を作ったことがありました。何日もかかって作り上げ、ようやく完成という頃、子どもにちょっと質問してみました。

「ところでけんちゃん、今、みんなで作っているこれは、なんだっけ？」

「あのね、あのね、あの……あのね……」

なかなか答えが出てきません。

「うん、さぁよく見て、これはなんだっけ？」

と、大きな犬をけんちゃんの前に差し出しました。けんちゃんはそれを見てさらに一生懸命考えました。考えて、考えて、考えて……

「そうだ、わかった！」

と、もう飛び上がらんばかりの顔つきで、

「おさかな！」

と、答えたのでした。

「！」

一瞬カクッときましたが、なんともいえないおかしさがワァ〜ンと体中を駆け巡り、思わず
「カンカンカン、あたりぃ！」

って、大きな声で叫んだのでした。

それを聞いて「やったぁ！」と言わんばかりのけんちゃんの嬉しそうな顔。こういう人とは一緒に生きていったほうが絶対に楽しい、と理屈抜きに思いました。

もちろんその時、

「けんちゃん、これはおさかなではありません。犬です。いいですか、犬ですよ。よく覚えておいてくださいね」

と、正しい答えをけんちゃんに教える方法もあったでしょう。むしろこっちのほうが一般的であり、教員としての正しい「指導」だと思います。

でも、けんちゃんのあの時の答えは、そういう正しい世界を、もう超えてしまっているように思いました。あの時、あの場をガサッとゆすった「おさかな！」という言葉は、正しい答えよりもはるかに光っています。あの時、あんな素敵な言葉に、そしてけんちゃんに出会ったことを私は幸せに思いました。

今から思うと、こうやって私は《教員としての正しい「指導」》をすることから外れ、子どもたちと一緒に人生を楽しむほうを自然に選んでいったのだと思います。理屈ではなく、「カンカンカ

ン、あたりぃ！」って反応するあの感覚です。

社長のほうが何倍もいい顔

養護学校の子どもたちと出会って、一番よかったのは私自身が自由になれたことです。人間はこういう時はこうしなきゃいかんとか、こういう時はこんなことしちゃいけないとか、いろんな規範があって、それに縛られています。でも、彼らとおつき合いしているうちに、そういった規範が少しずつ取れていきました。

お漏らしをしょっちゅうする子がいて、一〇分おきくらいにパンツをぱぁっと脱いでいました。私は

「みっともないからパンツくらいはきなさい！」

とパンツをはかすのですが、一〇分ほどしたらまたお漏らしして、ぱぁっと脱ぐのです。パンツをはかす、彼は漏らす、脱ぐ、またはかす、漏らす、脱ぐ、といったことを一日何回も繰り返すわけです。で、天気のいい日は中庭に出てパンツ脱いだままフリチン状態で大の字になって気持ちよさそうにおひさまを仰いでいるのです。そのそばで私は陰気な顔して

「パンツはけよ」

と言い続けている。おひさまのさんさんと照る中、彼は気持ちよさそうにいい顔をしている、そのそばで私は陰気な顔をしてぶつぶつ文句ばかり言っている。

そういうことを毎日繰り返していると、私は一体何をやっているんだ、ひょっとして彼のほうがいい人生を送っているんじゃないかって思い始めたのです。どう見ても彼のほうがいい時間を過ごしています。あんなにいい顔をしてひなたぼっこしているのですから。

そのそばで私は陰気な顔をしてぶつぶつ文句ばかり言っています。私はなんてつまらない時間を過ごしているんだ、としみじみ思いましたね。

そして結果的には、「パンツをはかない子がいてもいいか」って気持ちになってきたのです。そうすると彼との関係が楽になってきたのです。おひさまの下、フリチンの彼が大の字になって気持ちよさそうに寝てる、それをおだやかな目で見られる。「ま、いいか」「この時間、彼のいい時間だし、大事にしよう、オレも横になるからね」って思えるようになった。そんなふうに自分の中にあったつまらない規範が少しずつ取れていった。そうすると私自身、生きることがすごく楽になってきたのです。

養護学校に勤めて、そこで障がいのある子どもたちに出会って、何が一番よかったかというと、この、私自身が自由になったこと、そしてそのおかげで生きることが楽になったことです。

障がいのある子どもたちに育ててもらった

私は小学校の教員になる勉強はやっていましたが、障がいのある子どもたちを相手にする特殊教育（現在は特別支援教育）の勉強はやっていませんでした。ですから、雨の中、裸で外へ飛び出してしまう子どもがいたり、自分の頭をぼかすかたたく子がいたりすると、もう、どう対応していいかわからず、「ああ、どうしよう、どうしよう」と、ただおろおろするばかりでした。専門知識を盾にするのではなく、何も防備するもののない裸の自分で相手と向き合うのですから、本当にもう必死でした。でも、だからこそ、人として彼らと出会えた気がしています。その出会いは私の人生を揺さぶるほど強烈なものでした。

もし私に専門知識があって、指導する者として彼らの前に立っていれば、彼らと人として出会うことはなかったと思います。彼らとの出会いのおかげで「自分自身が自由になった」とか「生きることが楽になった」なんてことはあり得なかったと思います。そしてその後のなんとも楽しい人生も。

養護学校の日々、彼らの前でおろおろしながら、私は彼らに育ててもらったのだと思います。障がいのある子どもたちのことを何も知らない私を、手取り足取り一から彼らは教えてくれたのです。「人を見る目」というものを一番教えてくれましたね。

3　みんなでパン屋やろうぜ

養護学校の日々は本当に楽しくて、定年になったらもうこんな日々はないのかと寂しい思いをしていました。ならば彼らと一緒に生きる場をつくればいいじゃないかと、彼らと一緒にパン屋をやることを思いついたのです。天然酵母のパンは、趣味でもう二十年くらいやっていました。そこそこおいしいパンが焼けていたので、これはもう絶対うまくいくと思っていました。

思っているだけでは何も始まらないので、定年になる二年ほど前、興味をもってくれた人たちに声をかけ、地区センターの調理室を借りてパン教室を始めました。二〇〇八年八月頃のことです。

何事もまず動き始めることが大事です。月一回のペースで始めました。参加者はパン屋で働くことを希望している方、その保護者、応援する人など十五名前後。朝九時にスタートし、午後一時頃焼き上がり、後片付けも含めて三時頃には終わりました。

前日の材料の買い出し、当日のパン作りの指導など、ほとんど私一人でやったので、けっこう大変でした。フランスパン、カレーパン、食パン、オレンジブレッド、クロワッサン、あんパン、肉まん、ドライカレー、カボチャのポタージュ、ポトフなど、毎回パン三、四種類とスープを作りました。

結構欲張ったメニューでしたが、パン屋をやるにはこのくらいはこなさなきゃ、とあえて大変なメニューに挑戦したのです。でも、毎回てんてこ舞いのパン教室でした。

パン教室の一番最初にする粉とか塩の計量に三十分近くかかり、先が思いやられました。一次発酵が終わったあとの成形もなかなかうまくできません。

「こんな調子で本当にパン屋がやれるんだろうか」と不安になるほどでした。でも、焼き上がったパンはとてもおいしくて、「自分たちにもおいしいパンが焼ける」と大いに自信をもつことができました。そして、パン教室の最後には「おー、みんなでパン屋やろうぜ」といった雰囲気になるのでした。

ですからパン教室はパン屋をやるためのトレーニングというより、「みんなでパン屋やろうぜ」っていう気持ちを共有し、モチベーションを高める場でした。夢に向かってみんなで動いていくとき、このモチベーションが一番大事です。夢の実現に向かって、みんなが一番わくわくした時期だったと思います。

4　夢の始まり——NPO法人の申請書を書く

ぼんやり考えているだけでは夢は実現しません。具体的に動いていくことが大事です。「みんなでパン屋をやろうぜ」という夢に賛同してくれた人たちと一緒に始めたパン教室は、その具体的に動くことの一つでした。もう一つはパン屋の構想をしっかり立てることです。何を、どういう思いで始めるのか、そこで何を実現するのか、それは何を生み出すのか、といったことをとにかく書いてみることです。

最初、パン屋は自力でやるつもりでしたが、「そんなの無理無理。彼らと一緒にやるパン屋なんて、みんなが食べていけるほど稼げない」といろんな人から言われ、福祉サービスの収入のある福祉事業所をやることにしました。障がいのある人たちの就労支援をする、ということで福祉サービスの報酬というお金が入ってくるのです。

福祉事業所を始めるには法人を立ち上げる必要があります。社会福祉法人は五年以上の福祉事業所の運営経験が必要なので、経験を問わないNPO法人の申請をすることにしました。二〇〇八年十二月のことです。

「定款」という堅苦しい規約のはじめに「法人の目的」を書くところがあります。ここが一番のポイントになると聞いていたので、とにかく思いを込めて書きました。

《この法人は、障がいのある人たちが地域の中で生き生きと働くお店「カフェベーカリーぷかぷか」を運営する事業を行う。障がいのある人たちと一緒に、おいしいパンを作り、販売する。「カフェベーカリーぷかぷか」は、おいしいパンを作って売るだけではなく、パンを買いに来た街の人たちが障がいのある人たちと出会う場所でもある。

障がいのある人たちと、ホッとするような出会いを積み重ねることで「彼らとは一緒に生きていったほうがいいね」という思いを共有できる人が増えていけば、街は少しずつ変わっていく。お互いがもっと暮らしやすい街に。「カフェベーカリーぷかぷか」は街の中にお店を構えることで、そんな街をつくっていきたいと考える。

お店に来るお客さん、あるいは街の人たちを対象に、障がいのある人たちと一緒に楽しめる様々なイベント（パン教室、運動会、ワークショップなど）を企画する。イベントを通してお互いが出会い、かけがえのない仲間、同じ街に住んでいる楽しい仲間になることができれば、街の人間関係はもっともっと豊かなものになる。パンを作って売ることに加えて、そういった企画をたくさん打ち出していきたい。》

このNPO法人の申請書書きは、障がいのある人たちと一緒に街の中でパン屋をやることの意味を、あらためて整理し、深めるよい機会だったように思います。

そして今、「ぷかぷか」はこの定款で書いたことよりももっと面白い、もっとダイナミックな物語をたくさん創り出しました。この本はそのことを伝えたくて書きました。

5　とにかくやりたいからやる――それが福祉起業家

NPO法人申請のための予算案を作った頃から、どうも話す相手を説得できてないなという気がしていました。計画が話だけで終わる段階はともかく、お金という具体的なものがからんでくる段階になると、情熱や思いだけではなかなか前へ進めません。いろんな人と話すなかで、そういうことがだんだん見えてきたのです。

パン屋は商売です。収支が合うかどうかが一番大事なところなのに、そこの計算が私にはさっぱりできなかったのです。そこをしっかり計算し、相手を説得しないと前へ進めないところまで来ていました。

その頃、たまたま福祉ベンチャーパートナーズから「福祉起業家経営塾」の案内が来ました。福祉ベンチャーパートナーズとは障がい者の自立支援を目指す福祉施設の経営コンサルティング会社です。障がい者の働く場をつくりたいという方のために「福祉起業家経営塾」を主催しています。経営塾ではビジネスの種探しから始まり、ビジネスプランの作り方やマーケティング、経営戦略の考え方などの研修をやります。さらに「何があっても絶対に諦めない」という経営者の心づくりという側面も非常に大切にしています。

そのパンフレットの文面には「福祉起業ビジネスプラン作成のポイント」「福祉起業のマーケティング戦略」「誰に」「何を」「どのように」提供するのか、といった言葉が並んでいました。それを見て「ああ、これこれ、こういうことが今必要なんだ」と、なんだか救われたような気持ちになりました。

「福祉起業家経営塾」は四日間のセミナーで、最終的に自分のビジネスプランをしっかり作る講座です。しっかりしたビジネスプランができれば、どこへ行っても計画をきちんと説明できます。なによりも「カフェベーカリーぷかぷか」が街のパン屋としてちゃんとやっていけるかどうかが具体的に見えてきます。

障がいのあるメンバーさんには障害者年金（障害者手帳を持った方が受けられる年金で、月六五〇〇〇円程度）と合わせればグループホーム（一人では自立生活できない障がい者の方が、支援者の手を借りながら集団で生活している施設）で自立生活が送れるだけの給料（五万円程度）を払いたいと思っていました。

スタッフにも生活に困らないだけの給料はきちんと払いたいと思いました。プランを作ることができれば、それを実現させるためには何をどうすればいいのかも具体的に見えてきます。そんなことを期待しながら、二〇〇九年三月、私は四日間の講座を受けました。

養護学校で働く私にとって、ビジネスは未知の分野。どれもとても新鮮な内容でしたが、一番大きな発見は「福祉起業家」の概念でした。

福祉起業家とは、やりたいからやるもの。一つの自己実現であり、それは「福祉」とは全く発想が違う、といいます。「やってあげる」とか「お世話する」とか、まして「指導する」といったことでありません。

・一緒にやる、一緒に働くということ。
・そのことが好きで好きでしょうがないこと。
・ボランティア活動ではなく、経済活動であること。
・そこで働く障がいのある人たちはもちろん、自分自身も幸せになるということ。

どれもこれも納得できることでした。「カフェベーカリーぷかぷか」は私自身の漠然とした思いでスタートし、イメージをつくってきましたが、福祉起業家とは何か、の話を聞いて、「ぷかぷかでやろうとしていることは、まさにこれだ！」と思いました。

6　六五〇万円ゲット！

二〇〇九年六月、横浜市経済観光局商業コミュニティビジネス課で空き店舗を活用するビジネスプランを募集していました。審査に通るとなんと六五〇万円もの助成金がもらえます。たまたまビジネスプラン作成のセミナーを受けたばかりだったので、腕試しのつもりでエントリーすることにしました。かなり難しいことはわかっていましたが、何もしなければ何も起こらないし、アクションを起こせば、たとえ一％でも前へ進む可能性があります。

説明会の会場には百人近い方が詰めかけ、みんなこの道の強者のように見え、圧倒される雰囲気でした。でも、ここで引いてしまったら全く前へ進みません。教わったばかりのビジネスプランを書いて、とにかく締め切り当日に投函しました。

説明会に押しかけてきた人数に圧倒されてしまって、こりゃもう勝てるわけない、とあまり期待していませんでした。でもしばらくして、なんと書類審査に通ったからヒアリングに来るように、と連絡があったのです。自分の書いたビジネスプランが通ったことに、ちょっと驚きました。

ヒアリングでは、空き店舗を使って何をやろうとしているのか、採算は取れるのか、商店街の活性化にどのようにつながるのか、をかなり細かく聞かれました。採算が取れるのかどうかについては、やってみなきゃわからないことが多すぎて、うまく説明できませんでした。というか、経営というものを経験していないので、説明なんかできるわけがなくて、もうしどろもどろでした。でも商店街の活性化、ということについては、パン教室、運動会、ワークショップ、お祭りなどの楽しいイベントをいろいろ提案しました。「『ぷかぷか』はなんだか楽しいお店だ」というイメージを地域に定着させたいという思いを熱く語ったのです。

その熱い語りが効いたのか、このヒアリングもパスし、なんとなんと最終審査のプレゼンテーションに来るように、と連絡があったのです。

今でこそプレゼンテーションにはパワーポイントを使いますが、当時はパワーポイントも知らなくて、だらだらと言葉で説明するだけでした。ただただ思いを込めて説明することしか私にはできませんでした。以下、その時の原稿です。

《高崎といいます。街の中に障がいのある人たちと一緒に働くパン屋を作ろうと思っています。

彼らの中にはうまくおしゃべりができなかったり、字が読めなかったり、簡単な足し算もできない人もいます。でも、そんなことをはるかに超えた人としての魅力を彼らはもっています。

私は養護学校で三〇年彼らとつき合ってきました。自分の中にある人間のイメージを大きくはみ出す人も多く、はじめの頃は戸惑うことばかりでした。

でも、いろいろつき合ってみると、私たちにはない、なんともいえない魅力をたくさんもっていて、いつからか、この人たちとはずっと一緒に生きていきたいと思うようになりました。一緒に生きていったほうが「絶対にトク！」という感じです。彼らと一緒にいると毎日が本当に楽しいです。養護学校の教員になるまで、こんな楽しい日々が来るとは思ってもみませんでした。

昔、私がまだ学生の頃、胎児性水俣病の子どもを抱きながら、「この子は宝子ばい」と言っていたお母さんがいました。でも、その「宝子」の意味がどうしてもわかりませんでした。重い障がいをもった子が、どうして「宝の子」なのか、よくわからなかったのです。

でも、障がいのある子どもたちと三〇年つき合ってきた今、「宝子」という言葉に込めたお母さんの思いが痛いほどわかります。ぎすぎすした息苦しい今の世の中にあって、ただそこにいるだけで心安らぐような雰囲気をつくってくれる彼らの存在は、やはり「宝」と言っていい存在だと思うのです。彼らがそばにいるおかげで、私たちは人としてそこに立つことができるのだと思います。

かつてあったおおらかさがなくなり、どんどん息苦しくなっていく今の社会には、そういう「宝」こそが必要なんじゃないか、私はそんなふうに思います。

街の人たちに、そんな「宝」のような存在に出会ってほしい。彼らと一緒に街の中でパン屋を始める理由の一番根っこにはそんな思いがあります。

とはいうものの、彼らと一緒に働くことは、生産性の面からみると、極めて厳しいものがあります。彼ら抜きで働いたほうが、ずっと効率はいいでしょう。でも、効率のみを追い続ける社会はお互いがとてもしんどくなります。世の中に一つくらいは、効率のよさを追わないところがあってもいいのではないでしょうか。

効率をこえる価値を、彼らと一緒に働くことの中に見つけることができれば、彼らにとっても私たちにとっても、大きな希望になります。彼らと一緒に楽しく働きながらも、パン屋を回していけるだけのお金を稼ぐ、といったことがどこまでできるのか、効率を超える価値は見つけられるのか、ぷかぷかは壮大な実験の場でもあるような気がしています……。》

プレゼンテーションの始まる前に審査員に自分で焼いたパンを食べてもらおうと、前日にオレンジブレッド（無農薬の甘夏を刻んで作ったオレンジピールを練り込んだパン）を焼いておきました。ところが当日、その肝心なパンを忘れたことに駅で気がつき、あわてて家まで取りに帰るというドジ。

そのために、プレゼンテーションの始まりの時間に遅れてしまい、電車で会場に向かっているときに担当者から「今、どこにいますか？」という連絡が携帯に入る始末。

それでもはぁはぁ息を切らしながらパンを配ると、「あ、おいしいじゃん！」という声があちこちから上がりました。それを皮切りにパンに入れたオレンジピールやシンプルな材料の話をしました。

ビジネスプランの話は、どうしてハンディのある人たちと一緒に仕事をするのかといった話につい力が入り、「あと三分です」の声に慌ててビジネスの話をしましたが、なんとも中途半端。

その素人さがよかったのか、最初に配ったパンが効いたのか、とにかく後日、奇跡といっていい合格の通知が届いたのでした。

六五〇万円ゲット！（この六五〇万円は返済しなくてもいいお金です。ですから「ゲット！」なのです。）何事もやってみなきゃわからないものだと、つくづく思いました。

《Try hard and you shall succeed!》

は昔アラスカのマッキンリーに登ったとき、お世話になった現地の人がくれたはがきに書いてあった言葉です。そう、まさに Try hard なのです。そうすることで新しい歴史が始まるのだと思います。

後日担当者にどうして「ぷかぷか」が合格したのか聞いたことがあります。

「普通のパン屋にはない広がりと面白さが期待できそうでした。商店街の活性化には、そういった広がり、面白さが大切です」

なるほどな、と思いました。そういえば、最初の説明会で、「面白い企画」「元気な企画」がいい、とあったので、その通りになった気がします。

横浜市コミュニティビジネス課の人たちの将来を見通す目の確かさを、今あらためて思います。経営セミナーを受講したとは言え、プロから見れば、経営的には頼りないプランだったと思います。それでも、その頼りなさを超える面白さ、広がりを「ぷかぷか」のプランに見出し、それに六五〇万円もの資金を出してくれた担当者の決断に、感謝、感謝です。

7　二千万円を超える見積書にじわっと冷や汗

パン屋を始めるための資金は、実績がないので、横浜市の空き店舗活性化事業以外どこからも助成金をもらえず、自分の退職金を使うしかありませんでした。でも、実際に設備費九三四万円、改修工事費一三四五万円と、見積書が上がってくると、じわっと冷や汗が出てきました。

設備費の内訳はオーブン、ミキサー、モルダー、リバースシート、ガスフライヤー、ドゥコンディショナー、冷凍冷蔵庫、パススルー冷蔵庫など、合わせて九三四万円。改修工事費の内訳は店舗デザイン料、内装下地工事、造作工事、内装仕上げ工事、電気設備工事、給排水設備工事、換気設備工事など、合わせて一三四五万円でした。両方合わせると二二七九万円で、退職金がほぼ全部飛んでしまう額でした。

さすがに冷や汗が出ました。退職金を使うしかないとわかっていても、具体的な金額を突きつけられると、やっぱりたじろいでしまったのです。

当時はこのお金を使うことで、何倍もの価値あるものが生まれる、といったことがイメージできませんでした。パン屋が絶対にうまくいく、という自信もなく、「下手するとお金はもう戻ってこないかも」と思っていました。

今でこそ、その時の「投資」があったから今の面白い「ぷかぷか」がある、ということがよくわかるのですが、その当時はそういったことが想像できませんでした。とにかく障がいのある人たちと一緒にパン屋をやる、というところまでしか考えられなかったのです。そこから先、この事業が生み出す様々な面白い物語が想像できなかったのです。

それでも、前へ進むしかありませんでした。明るい展望のないまま、前へ進むのは本当に辛いことでした。でも、前へ進まなければ、展望も開けません。

連れ合いと共に生活を営む「我が家」に、一銭も入れないまま、先がはっきり見えないことに大金をつぎ込むことは、二重にしんどいことで、この頃の精神状態は最悪でした。家にお金を入れないことについて、何一つ文句を言わなかった連れ合いには本当に感謝しています。

家族に障がいのある子どもがいたわけでもありません。それなのに家に一銭も入れることなく、障がいのある人たちのために退職金のすべてを使うことは、連れ合いも養護学校の教員をやっていたとはいえ、やはり抵抗はあったと思います。それでも黙って見ていてくれたことには、いまさらながら頭の下がる思いです。

当時は法人でありながら、私のまわりに物事を一緒に考えるブレーンと呼べる人が一人もいませんでした。ですから二千万円を超える「投資」について、誰かと議論する、といったことは皆無でした。本当はこの「投資」が生み出す様々な「新しい価値」について、スタッフの中でもっともっと議論しておくべきだったと思います。それをやっていれば、利益が生まれる三年目までの苦しい時期は、もう少し違う形で乗り越えられたように思います。

第二章　パン屋を始めたものの

障がいのある人たちと一緒に生きていこうとパン屋を始めたものの、商売はそんなにうまくいきません。

1　商売のことを何も知らずに始めた「素人パン屋」

二〇一〇年四月、パン屋がオープンしました。夢が実現したにもかかわらず、気分はいまいちでした。素人が始めたパン屋が厳しい現実を突きつけられ、本当に泣きたいほどの日々が始まったのです。それは少しずつ体を慣らしていくようなまっちょろいものではありませんでした。

国産小麦、天然酵母で作るパンは必ず売れる。そう思っていたのですが、売れたのは初めの一週間だけ。新しいお店ができたのでたくさんの人たちが様子を見に来た、という感じでした。一週間が過ぎると潮が引くようにパンは売れなくなりました。「国産小麦、天然酵母のパン」を求める人は、ほんの少数派にすぎないことを、パン屋を始めてから気がついたのです。

毎日大量のパンが売れ残り、捨てるのはもったいないので次の日に半額で売りました。そうすると半額のパンから売れ、その日に焼いたパンがまた売れ残る、という悪循環になり、そこからなかなか這い上がれませんでした。

当時スタッフが八人。でも、商売を経験した人、経営に詳しい人は一人もいませんでした。ですからどうすればもっとパンが売れるのか、どうすれば売れ残りをなくすことができるのか、誰もわからないまま、赤字ばかりがどんどん増えていきました。

売り上げが少なくても、材料費や水道光熱費の請求は毎月きちんきちんとやってきます。パン材料費、家賃、ガス代、水道代、電気代、電話代、社会保険料、会計事務所顧問料、金融公庫への借入金返済等、支払うお金の多さにびっくりしました。

恐ろしい勢いでお金が出ていく毎日が続いて、この先どうなるんだろうかと、本当に不安でした。赤字がどんどん増えていき、毎月のように自分の預金を取り崩し、資金を投入しないと回りませんでした。

具体的な数値を上げると、開店一カ月後のパンの売り上げは六八万五三五〇円、出費は材料費三〇万八四一九円、水道光熱費八万四四五五円、社会保険料二四万六六七四円、家賃二一万七五〇〇円（パン屋ともう一箇所メンバーさんが給食を食べる場所として借りていたお店の二軒分）、金融公庫返済一三万一九〇〇円、備品など一二万四三五八円、人件費一四一万三二三六円（私は給料なしでした。というか払うお金がありませんでした）、合計二五三万五四二円。差し引きマイナス一八四万五一九二円。

福祉サービスの報酬は二カ月遅れなので、このマイナス分は自分で支払うしかありませんでした。福祉サービスの報酬も一二〇万円程度（利用者さんが一日来て就労支援という福祉サービスを受けると、その報酬が六〇〇〇円ぐらい入ります。一〇人で六万円、二〇日で一二〇万円程度の福祉サービスの報酬が入ることになります）なので、それが入ってきても赤字は埋まりません。本来はこの報酬で運営していくものですが、とてもそんなふうには行きませんでした。

月々の赤字は少しずつ減ってはいきましたが、それでも初年度の赤字はトータルで六三〇万円もありました。横浜市から空き店舗活性化事業の助成金が六五〇万円入っていたので、なんとかなりましたが、それがなければ一二八〇万円の赤字でした。このほかに借金が三五〇〇万円ほどありましたが、返済どころではありませんでした。

夢を実現する、つまり事業を始めるということがどれほど困難なことか、教員をやっていた私は全くわかっていませんでした。そのことを現実の困難さの中で初めて知ることになります。

代金の支払日にお金がなくて、「すみません、一週間ほど待ってもらえますか」などと電話したことがあります。赤字が出たんだから、少しぐらいは待ってくれるんじゃないか、という甘い感覚が当時の私にはありました。そういったことをことごとくはねつけられる、という現実の中で、初めて世の中のお金のやり取りの厳しさを知ることになったのです。

いくら赤字が出ても、支払いは待ってくれない、という当たり前のことに、現実を突きつけられるなかで、ようやく気がついたというわけです。

でも、もう引き返せないところまで来ていました。どんなに苦しくても、前に進むしかありませんでした。前へ進みながらも、働いても働いても改善できない収支に、なんのためにこの事業を始めたのか、一人悶々とする日が続きました。障がいのある人たちと一緒に生きていきたい、という思いで始めた事業ですが、現実の困難さの中で、ひょっとしたらもうだめかも、と思っていました。

2　近隣から苦情の電話が入り、半年間は針のむしろ

今でこそ「ぷかぷか」にはたくさんのファンがいます。でも、始めた当初は今からは想像もできないほどひどい状態でした。

障害者施設を建てようとすると、しばしば地元市民から反対運動が起きることがあります。そのため、お店を始める前に商店会の集まりに何度か出席し、説明しました。

・障がいのある人たちの働く場「カフェベーカリーぷかぷか」を霧ヶ丘商店街の一角に作りたいと思っていること。

・障がいのある人たちは、うまくおしゃべりができなかったり、人とうまくおつき合いができなかったりする人もいること。

・でも、丁寧につき合うと、私たちにはない「人としての魅力」をたくさんもっていること。私はその魅力に惹かれ、彼らの働くお店を作ることにしたこと。

などを説明し、商店会の了解を得ました。周辺の家には、その説明を印刷して配布しました。特に反対するといった意見は聞きませんでした。

ところが実際にお店を開くと、いろいろ苦情が来ました。

ぷかぷかさんたちは、みんな仕事に一生懸命です。(ぷかぷかさんは「ぷかぷか」で働く障がいのある人たちのことです。スタッフはぷかぷかさんを手助けしながら一緒に働く人のことをいいます。)

パン屋の店先では、

「おいしいパンはいかがですか」

と大きな声で呼び込みをやっていました。大きな声は、そのままぷかぷかさんの一所懸命さなのですが、それに対して、

「うるさいのでやめていただきたい」

と苦情の電話が入りました。大変なショックでしたが、黙って聞き入れるしかありません。呼び込みで張り切っていたぷかぷかさんはがっくりきていましたが、仕方がありません。

こだわりの強い方で、同じところを行ったり来たりするぷかぷかさんもいました。これが気になって仕方がない方もいらっしゃったようで、

「お店の前を行ったり来たりされると、お客さんが落ち着いて食事ができないので、やめさせてくださいよ」

と言われたこともあります。すぐにその当人に注意しましたが、当人は、どうしてそのことがダメなのか、あまり理解できていないようでした。ですからそのぷかぷかさんが出歩くときは心配で心配で、しばらくついて歩いたりもしました。

お店を開いた頃は、ぷかぷかさんたちも慣れない環境で、たびたびパニックになり、大声出しながらお店から飛び出す方もいました。そのたびに

「うるさい！」

と大声で怒鳴られたこともあります。本人も悪気があって飛び出したのではなく、ぎりぎりまでがんばって、それでもがまんしきれなくて飛び出してしまったのです。飛び出してわめいているぷかぷかさんの手を引いてお店に無理矢理連れ戻すとき、なんだか悲しくなって涙が出そうでした。パニックは抑えようがないので、本当にハラハラしながらの毎日でした。

間違えてよそのお店に入ってしまい、えらい剣幕で叱られたこともあります。

「どうしてきちんと教えないんだ、あなたは昔教員をやってたんだろ」

と怒鳴られましたが、ひたすら頭を下げて聞くしかありませんでした。

今から思うと信じがたいくらいひどい状態でしたが、でもこれが障がいのある人たちの置かれた社会的状況だと思います。それをお店を開くことで、いやというほど実感することになったのです。経営がうまくいかないことと重なって、一体何のために「ぷかぷか」を始めたのか、よく

わからなくなりました。

3　この一枚の写真を撮るために四年かかりました

そんなんなで、半年ぐらいは毎日のように、今日は何か起こるのではないかとびくびくしていました。こんな状態で、この先やっていけるのか、本当に不安になりました。

そんな中でも少しずつ顔見知りのお客さんも増え、ぷかぷかさんに

「今日もがんばってますね」

と声をかけてくれたりするお客さんも現れるようになりました。外販先では、計算機を持って焦って計算しているぷかぷかさんに、

「ゆっくりでいいよ、あせらないで」

とやさしく声をかけてくれるお客さんもいました。本当に救われた気分でした。

「カフェで接客をやっているぷかぷかさんの一所懸命さに胸を打たれました」

というメールをいただいたこともあります。

近くの八百屋さんに買い物に出かけたぷかぷかさんが、手に持った五千円札を風に飛ばされてしまったことがありました。その時は近くの方が一緒にお金をさがしてくれました。残念ながらお金は見つかりませんでした。ところが後日交番に行ったら、そのお金がちゃんと届けてありました。そのことを月一回発行している『ぷかぷかしんぶん』に書いたところ、

「記事を読んで感動しました」

という電話が入ったこともあります。

カフェでお客さんの子どもの誕生会をやった際、

「歌（ぷかぷかさんが子どもにハッピィバースディの歌を歌いました）や記念撮影、みなさんの心温まるサービス、おもてなしに感激しました。ぷかぷかさんと一緒に写真を撮らせてください」

とおっしゃったお客さんがいました。みんなで子どもを囲んで写真を撮ったのですが、素敵な笑顔の並ぶ写真が撮れました。「ぷかぷか」がつくろうとしていたのは、地域の人たちとこんな笑顔になれる関係です。この写真を見ると、「ぷかぷか」がやろうとしたことがいっぺんに見えます。

この一枚の写真を撮るために四年かかりました。この一枚の写真は、今までの悲しくなるようなたくさんの話を、いっぺんにひっくり返してしまう「チカラ」があります。そして何よりも「希望」があります。お互いが気持ちよく暮らせる街は、ここから始まるという

「希望」です。

4　プロから見れば、もう見てられない

「ぷかぷか」は素人が始めたパン屋です。ですから経営面では本当にめちゃくちゃでした。ほうっておけば多分つぶれたと思います。

「ぷかぷか」がスタートして四カ月くらいたった頃、「自分の息子（知的障がいのあるお子さんです）の働く場所をつくりたい」と見学に来られた方がいました。一部上場会社の役員をやってこられた方で、いわば経営のプロです。

「ぷかぷか」の理念から始まって、設立の過程、現在の経営状況まで正直に話しました。「ぷかぷか」設立の思いはともかく、経営状況に関しては、プロから見れば、もう見てられない状態だったのだと思います。何の縁もない方でしたが、私の志に共感し、経営面でなんとかお手伝いしたい、と毎週のように経営のアドバイスに来られました。

「障がいのある人たちと一緒に生きていきたい」

という思いのために、私は退職金をすべてつぎ込んでいました。

「自分の家族に障がいのある子どもがいてもここまではなかなかできることではない」

と、深く共感されたようでした。

まず、「日々の資金繰り表を書くように」と勧められました。毎日どういうお金がどれくらい入ってきて、どういうお金がどれくらい出て行っているのか、という記録です。それまでは、ただ通帳の残高を見ているだけで、お金の出入りに関するこまかい記録を取っていませんでした。

入ってくるお金はパン屋の売り上げ、外販、配達の売り上げ、カフェの売り上げなど。出てい

くお金はパン材料費、カフェ材料費、給与手当、法定福利費、福利厚生費、旅費交通費、接待交際費、燃料費、通信費、水道光熱費、消耗品費、事務用品費、修繕費、保険料、会計事務所顧問料、地代家賃、会議費、雑費、借入金返済、仮払金などです。

こういうものの一覧表を作って毎日お金の出し入れを記入していきました。

家賃、保険料、法定福利、金融公庫返済、会計事務所顧問料など毎月決まって出て行くものについては、決まった数値を入れておきました。そうすると今どのくらいお金があって、月末にどれくらいお金が残りそうかが、だいたい見えてきました。

月末は残高不足になることがわかっているときは、銀行から残高不足の電話が入る前に必要な分だけ資金を投入しておきました。行き当たりばったりで資金投入していた頃を思えば、同じ資金投入でも、気分的には格段に楽になりました。

お金の出し入れを把握しておくことは、商売をやる上で当たり前のことです。でも、そんな基本的なことも私は知りませんでした。それをアドバイスする人もまわりにいませんでした。毎日資金繰り表を記入するなかで、こういうことが商売をやる上でいかに大事なことか、身にしみてわかったのでした。

お金の出し入れを把握するだけでは売り上げは増えません。売り上げを増やすにはどうすればいいのか、というところで、日々の売り上げの集計をきちんと取ることから始めました。毎日お店、外販先で、どんなパンがどれくらい売れているのか、といったデータを取り始めました。

曜日によって、外販先によって、売れるパンの量、種類が違うことがデータ上で見えるようになりました。そのデータを元にパンの仕込みの量を調整すると、売れ残りがずいぶん減り、売り上げが少しずつ伸びていきました。

外販には適当にパンを持っていくのではなく、きちんと売れ筋を見極めて持っていきました。これによって売れ残りが大幅に減り、時折完売のときもありました。売り上げは毎日パンの厨房に張り出しました。これはスタッフのモチベーションを上げるのに大いに役立ちました。

売れ残りを減らすには、生産量を減らすのが一番です。でも生産量を減らすと、当然売り上げは伸びません。リスクを取りながら、どうやって売り上げを伸ばすか、そこが勝負所であり、商売の面白いところであることが、だんだんわかってきました。毎日の売り上げの発表は、その面白さをさらに加速してくれたように思います。

カラーのチラシも作りました。これはお客さんの信用を得るのに大いに役立ちました。ホームページも全面的に作り直しました。それまでのホームページはどちらかといえば「ぷかぷか」の理念的な面が前へ出てきて、パン屋をやっているという営業的な面がほとんどありませんでした。ホームページ作成ソフトを入れ替え、パンを買ってみたくなるような雰囲気に全面リニューアルしました。ホームページの作成は外注するお金もなかったので、全部自分でやりました。

会計事務所からは毎月試算表が送られてきます。その表の意味が私にはほとんど理解できませんでした。「比較損益推移表」「貸借対照表」「試算表」などにびっしり数値が書き込んであるのですが、これがどういう意味をもつのかわからなかったのです。毎月経営アドバイザーに転送し、わかりやすい表に書き換えてもらいました。これによって一年のスパンでお金の動きがわかるようになりました。

そうして三年目、それまで赤字続きだった収支が、ほんのわずかですが、黒字に変わったのでした。もちろん、莫大な借金はまだまだ返し切れていませんが、単年度の収支は黒字に変わったのです。

今現在も経営はそんなに楽ではありません。スタッフに十分な給料を払えているとは思えません。それでもこの先どうなってしまうんだろう、というオープン当初の不安はなくなりました。経営アドバイザーのアドバイスのおかげで、基礎体力がつき、ここまでくることができたと思っています。本当に感謝感謝です。

第三章　なんだ、そのままでいいじゃん

障がいのある人たちは、社会のルールといったものに合わせることがなかなかむつかしい人たちです。でも、社会の中で生きていくには、そのルールに合わせる必要がある、とみんな思い、かなり無理してがんばっています。

「ぷかぷか」も当初そういう方向で動きかけたのですが、社会に合わせてがんばろうとするぷかぷかさんの姿がなんだか痛々しくて、それはやめました。社会に合わせるのではなく、彼らのそのままでいくことにしました。そのままでいってみたら、なんと彼らのファンができました。「ぷかぷかさんが好き!」というファンです。

たくさんのファンができ、障がいのある人たちは社会のお荷物とかではなく、社会を耕し、社会を豊かにする存在であることが見えてきました。

1　気色悪くて接客マニュアルはやめた

カフェを始めるとき、それまでは教員をやっていましたから、接客の仕方が全くわからなくて、講師を招いて接客の講習会をやりました。接客マニュアルというのがあって、マニュアルのとおりにやれば、それなりに上手と思えるような接客ができます。

接客マニュアルには「いらっしゃいませ」「お待たせいたしました」「かしこまりました」「少々お待ちください」「申し訳ございません」「恐れ入ります」「ありがとうございます」「失礼します」という決まり文句があります。手を前にそろえ、決まり文句を繰り返し、繰り返し練習します。ちょっと聞いた限りでは、すごく上手な接客ができるような気がしました。

でも、実際にぷかぷかさんがやってみると、なんか変というか、正直「気色悪りぃ！」と思いました。マニュアル通りやれば上手な接客のはずなのに、この気色悪さはなんなのか。

私は養護学校の教員をやっているとき、彼らに惚れ込んで、彼らと一緒に生きていきたくて、「ぷかぷか」を始めました。惚れ込んだ彼らが、ふだんの自分を押し殺し、無理にマニュアルに合わせる姿は、上手な接客どころか、ちょっと見たくないというか、なんかもうひたすら気色悪かったのです。彼らが彼らしさを発揮できないのであれば、彼らと一緒に「ぷかぷか」をやる意味がなくなると思いました。

結局、講習会は一回でやめました。この時の「気色悪い」という直感的な判断が、今から思えばすごくよかったと思います。「ぷかぷか」の大きな方向性がこの時決まったと思います。「接客マニュアル」に合わせる、つまり無理して社会に合わせるのではなく、彼らのありのままの姿でいこう、それで勝負していこうという方向性です。

とはいうものの、接客の基本ともいえる接客マニュアルを使わなくて本当にお客さんが来るのだろうか、という不安はありました。

「なんだこのお店は、接客の基本も知らないのか」ってお客さんが来なくなるのではないかと思ったりしたのです。

ところがマニュアルを使わないことで、全く予想外の、思いもよらない結果が生まれました。

なんと、

「ぷかぷかさんが好き!」

というファンが現れたのです。

2　ひとときの幸せをいただきました

カフェに来たお客さんからこんなメールをいただいたことがあります。

《丁寧に、慎重にコーヒーをテーブルに おいてくれたお店の方。心がこもっていて、一生懸命なのが すごく伝わりました。また行きますネ!》

この時のぷかぷかさん、緊張のあまりコーヒーカップを持つ手が震えていたのですが、お客さんにはぷかぷかさんの思いがまっすぐに伝わっていたようです。心のこもらないマニュアル化された接客ばかりの世の中にあって、ぎくしゃくしつつも自分で一生懸命考えてやる接客は新鮮で、お客さんの心をぽっとあたためたのではないかと思います。

こんなメールもありました。

《中で働いているユミさんが「すごいねー、いっぱい食べるねー」と厨房に話しているのが微笑ましく、明るい彼女にひとときの幸せをいただきました。また、たくさんパンのおかわりを

しに、笑顔をいただきに、カフェに行きますね。》

「ひとときの幸せをいただきました」とか「笑顔をいただきにカフェに行きますね」という言葉が本当にうれしいです。障がいのある人たちのありのままの接客がこんな言葉をお客さんから引き出すなんて、全く思いもよりませんでした。

障がいのある人たちは社会に合わせることが大事と言われ、みんな日々窮屈な思いをしながらいろいろ訓練したりしています。でも、彼らのありのままの姿が引き出した「ひとときの幸せをいただきました」というお客さんの言葉は、障がいのある人たちにとってはもちろん、社会にとっても新しい希望をつくり出すものだと思います。社会に合わせなくてもやっていける、という希望です。

こんなメールもありました。

《今日、ひさしぶりにぷかぷかカフェに、友達と行きました。友達は、ぷかぷかは初めてでした。先程その友達からメールで「とても美味しかったし、なんかゆったりとした空間で、すごくよかった」と。

嬉しかったです。きっとお店の皆さんが生み出しているものでしょうね。友達の「なんかゆったりとした雰囲気～」の「なんか」という言葉が、よく分かります！　そのままだと思います。ムリに作り出そうとしているものではなく、自然な空間。自然な静かな時間の流れ……自然に伝わってくる空気感。友達との話もゆっくり、じっくり出来ました。

いくみさん（ぷかぷかで働いている方）がいらして、名前を覚えていてくれて、何度も声を掛けてくれました。記憶力に頭が下がります……
ひさしぶりに、今日はやわらかい時間を過ごさせていただきました。ありがとうございました。》

「なんかゆったりとした空間で、すごくよかった」。「やわらかい時間を過ごさせていただきました」という言葉は、ありのままの彼らの魅力が生み出す「豊かな空間」「豊かな時間」です。「ぷかぷかさんが好き！」とか「ぷかぷかのファンです」というお客さんがどんどん増えているのも、彼らがつくり出す豊かなものにふれたせいではないかと思います。

「ぷかぷか」は、「障がいのある人たちが、ありのままの自分でいられる」場所です。そしてそのことで今までにない豊かなものを社会にもたらしているのだと思います。

3 「ぷかぷかウィルス」に感染したお客さんの話

管理しない接客なので、普通に考えればあり得ないような接客もあります。でもそれ故に強烈な出会いをした方がいました。

「ぷかぷかウィルス」に感染したと表現するお客さんの話です。

《子供二人を連れてカフェでランチを食べていました。お客さんは私の家族と他にもう一組だったかと思います。お天気も良く明るくゆったりとした空気の中で

「おいしいねー」

「もう一回チョコパンとチーズのパンおかわりしたい」

などと子供と話をしていました。すると厨房の小窓のカーテンが急にシャッ！　と開き、ニコニコ笑顔にマスクの方が突然、

「おいしいかい？」

と聞いてきたのです。

「え?!」

一瞬何が起こったのかわかりませんでしたが、とっさに
「おいしいです！」

と負けじと大きな声で答えました。

その方は、そうだろうと言わんばかりにニコニコのまま
「フフ〜ン」

と笑い、カーテンを閉めました。

多分一〇秒程のできごとでしたが、この思ってもみない楽しいやりとりで、ああ、また食べに来よう、と思いました。「ぷかぷかウィルス」に感染したのは、多分この時だと思います。》

これがきっかけでその方はぷかぷかパン教室に来るようになり、今はスタッフの一人として毎日彼らと一緒に楽しく働いています。

「ぷかぷかウィルス」という言い方がいいですね。そうとしか言いようのないものが「ぷかぷか」にはあるんだと思います。「ぷかぷかのファンです」とおっしゃるお客さんが最近増えていますが、こういう方も多分ウィルスに感染したのではないかと思います。

それにしても、「おいしいかい？」のひとことで、お客さんの心をわしづかみにしてしまうなんて、超人的接客だと思いました。

「おいしいかい？」などという言葉も、管理していない環境だからこそ、ぽろっと出てきたのだと思います。普通はお客さんに向かってこんな言葉は使いません。こういう思ってもみない、全く想定外の、楽しい、あたたかな出会いは、管理された空間からは絶対に生まれません。

もちろんこの一瞬のやりとりがいつもうまくいくとは限りません。事実カフェのお客さんで利用者さんの言葉に不愉快な思いをしてクレームをつけた方もいます。（「よく食べますねぇ」と正直に感想を言っただけなのですが、お客さんにとっては気に触る言葉だったようです。）でも、だからやはり管理が必要だ、というのではなく、そういったリスクを抱え込みながらも、なお、彼らの持ち味を生かすお店、彼らの持ち味にふれ、お客さんの心がキュ〜ンとあたたまるようなお店にしたいと思うのです。

カフェだけでなく、パン屋、外販、お惣菜屋、すべて接客は利用者さんにお任せしています。マニュアルがないので、みんな自由にのびのびと接客をしています。その雰囲気がお客さんの心を癒やしているようです。

きちんとマニュアルに沿って正しい接客をさせている福祉事業所のパン屋、カフェに行ったお客さんが、

「ぷかぷかに来るとなんだかホッとするわ」

とおっしゃったことがありましたが、その一言がすべてを物語っています。管理されたお店は、お客さんにとってもなんとなく息が詰まる感じがするのだと思います。

この「なんだかホッとする」という感覚こそが、「ぷかぷか」が地域の人たちにとって大切な場になっている理由だと思います。

4 見当違いの努力

パン屋のレジのところで働いているツジさんはとにかくおしゃべりです。仕事中も、世界中の都市の名前、クラシックの作曲家の名前、紅白歌合戦に出た歌手の名前、車の名前、野球選手の名前など、途切れることがありません。「ぷかぷか」の旅行に行き、同じ部屋で寝たとき、朝六時に目を覚まし、目を開けると同時に「アンタナナリボ、リオデジャネイロ……」と世界の都市の名前がずらずらっと出てきました。ツジさんにとってのおしゃべりは、呼吸と同じなのです。

外販先で、たまたま訓練会の先生がいて、外販中もずっとおしゃべりしていたツジさんに、
「仕事中おしゃべりしちゃダメでしょ！」
と注意されたことがあります。（ツジさんに何の注意もせずにそばにいた私にも！）

正しい指摘だったとは思います。でも、外販のパンの売り上げはツジさんのおしゃべりが支えている割合がものすごく多いのです。外販でパンがよく売れるのは、まずパンのおいしさがあるのですが、それに加えてぷかぷかさんたちの魅力があります。ふたことみこと他愛ない話をするだけですが、それでもパンと一緒に心あたたまるお土産がもらえます。そのため、区役所で販売するときなどはずらっと行列ができます。

障がいのある人たちの働いているパン屋の外販に、こんなにたくさんの人が並ぶなんて、驚異的な出来事だと思います。社会における彼らの疎外状況を考えるなら、この行列は大きな希望になります。事業の進め方によっては、こんなにも人を集めることができ、障がいのある人たちとのおつき合いを広げることができるということです。

区役所にはたくさんの福祉事業所が販売に来ています。その中で「ぷかぷか」は一番お客さんを集めていると区役所の方から聞きました。障害支援課の方とそのことについて話をしたことがあります。

パンがおいしいことと並んで、メンバーさんたちが楽しそうに働いている、ということが大きいのではないか、とその方はおっしゃっていました。ぷかぷかさんたちは、みんな楽しそうにおしゃべりし、中にはお客さんと「やぁ！」と楽しそうにハイタッチする人もいます。この自由で楽しい雰囲気がお客さんを呼び込んでいるのではないか、というのです。

そんな楽しい雰囲気の中心に位置づけられるのが、ツジさんのおしゃべりです。一見うるさそうに聞こえるおしゃべりも、よ〜く聞くと、ツジさんの博学ぶりがよく伝わってきて、しかもおしゃべり自体がすごく楽しいのです。

「ぷかぷか」の外販はツジさんのおしゃべりが支えていることは誰もが認めることであり、どこへ行ってもツジさんは大人気です。私がいなくても誰も気がつきませんが、ツジさんがいないと、

「あれ？　今日はどうしたの？」

とみんな心配します。

そんなツジさんの働きぶりを見て、お母さんからこんなメールが来ました。

《……私に関していえば恥ずかしながら何十年もカツヒロ（ツジさんのこと）のできないことをできるようにしよう、何とか社会に迷惑をかけないようにしよう、と努力をしてきました。率直にいって、それが学校や作業所から求められてきたことだからです。

でもぷかぷかでのカツヒロの働きぶりを見て、考え方が変わりました。今まで「見当違いの努力」をしてきたんじゃないか、と。》

おしゃべりをしながらでも、ちゃんと仕事ができていて、しかもおしゃべり自体が収益を生む

元になっているのであれば、おしゃべりをなくそうなくそうと努力してきたことは一体何だったのか、ということになります。

お母さんの気づきはそこにあります。「見当違いの努力」をしてきたんじゃないか、と。無理に「できないことをできるようにしよう」「社会に迷惑をかけないようにしよう」と努力しなくても、「そのままでやっていける」「そのままで仕事ができる」という気づきです。

パン屋の「ぷかぷか」らしさをつくり出しているのもツジさんのおしゃべりです。

そんなツジさんのおしゃべりをめぐってお店でこんなこともありました。

《先日、こどもたちとぷかぷかパン屋さんに行きました。

「あ！　今日はツジさんいたよ！」

こどもたちがお店をのぞいて、うれしそうに走っていきました。こどもたちも私も、ツジさんが外販でいらっしゃらないときは、とてもがっかりするのです。

お店に飛び込んでいったこどもたちはまず、パンを選ぶ前に、ツジさんを囲んでニコニコ。

ツジさんは、いつものように、

「マダガスカル　クロアチア……」

国名を言いながら、てきぱきと働かれていました。

店内には、他にお客さまがいらして、コーヒーを飲んでおられました。

「スペイン　マドリード……」

ツジさんの国名のおしゃべりの中、先ほどのコーヒーのお客さまと私は、目が何度もあいます。

その表情から私がツジさんのおしゃべりに驚いているのかな、と思いました。すこし心配されているのかな、と思いました。

そのとき、コーヒーのお客さまがスタッフに声をかけられました。

「……訓練したほうがいいんじゃない？」

全部は聞こえてこなかったので不確かなのですが、「訓練」という言葉は、まっすぐ聞こえてきて、おもいっきり反応してしまい、思わず、

「訓練してほしくないです！　わたしたち、ツジさんが大好きなんです。会いに来ているんです。訓練……してほしくない」

と、口をはさんでいました。久しぶりに聞いた「訓練」という言葉に、ちょっとカチンときたのです。

そうしたら、スタッフの方は、何も動じずに、こうおっしゃったのです。

「ツジさんにおしゃべりをやめて、と言うのは、ツジさんに息を止めて、と言うことと、同じことなんです」

「訓練は無理です」

「それに、ツジさんの声は、とてもいい声だから、α波というのかしらね、聞いていて、とても気持ちがいいんですよ」

「お客さまからクレームもありませんよ」

コーヒーのお客さまがお話しされることに、スタッフの方は丁寧に応えています。そのあと、コーヒーのお客さまは、ツジさんにもお話しをされていました。

ツジさんは、

「はい！」

と元気いっぱいの返事。

「はい！」（そのとおりです！）（もう、その話は、おわりです！）

そんなふうに聞こえました。

コーヒーのお客さまはもう、何も言われませんでした。そのやりとりの様子を、こどもたちは、じっと見つめ、じっと聞いていました。

レジに行くと、ツジさんはいつもよりも はりきった感じで、

「七六〇円です！」

トレーの上のパンの代金をあっという間に計算して教えてくれました。そして、ツジさんはすこし、笑ったお顔で、言われました。

「チキルーム」

「はい、魅惑のチキルームですよね」

ツジさんが歌う『魅惑のチキルーム』大好きです。ツジさんがぷかぷかマルシェで披露された歌声。ツジさんの生きている世界は、『魅惑のチキルーム』みたいに陽気で楽しくて、みんながしあわせな世界なんだなあって感動したことを思い出しました。

ぷかぷかのご近所に暮らせていることに誇りを感じました。そして、胸がいっぱいになるほどの幸せを感じました。

人は誰でもそのままで生きていてよくて、誰からも「訓練」されることなんて必要なくて、気持ちよく生きているその姿は、みんなの幸せにつながっている。》

「ぷかぷか」はこういうお客さんに支えられているのです。

障がいのある人たちは子どもの頃から、あれがダメ、これが問題、ここが遅れている等々、ダメなところばかり指摘され、大人になるまではもちろん、大人になっても様々な指導、訓練を受け、その人らしさをどんどんすり減らしていきます。社会の中で生きるには、社会に合わせなきゃダメだと言われながら……。

でも、合わせる社会そのものはどうなんだ、という問いはほとんどなされません。本当にみんなが幸せを感じるような社会なのかどうか。みんなが自分らしく生きられる社会なのかどうか。そういう社会でないなら、それに合わせるってどういうことなのか……といった問いこそ、本当は必要な気がします。

「なんだ、そのままでいいじゃん！」

という気づきは、障がいのある人たちだけでなく、私たちみんなの生き方がものすごく楽になります。彼らだけでなく、私たちもまた社会に合わせるために、自分をすり減らさなくてもいいからです。

5　彼らに社会を合わせる

「ぷかぷか」では彼らを社会に合わせるのではなく、彼らに社会を合わせることをやっています。そのほうが私たちみんなが、生きることが楽になるからです。彼らに社会を合わせる、彼らに「ぷかぷか」を合わせる、ということは、たとえばツジさんのおしゃべりをやめさせるのではなく、ツジさんがおしゃべりしてもいいお店にすることです。で、実際にやってみたら、仕事に支障が出るどころか、にぎやかで、楽しくて、なんだかホッとできるお店になりました。ツジさんが自由でいられるお店は、お客さんも自由を感じ、ちょっとホッとします。

何よりも「ぷかぷかが好き！」というお客さんが増えました。

ツジさんは、ほとんど一日中レジのそばで、こうやって手を上げてぶつぶつおしゃべりしています。それでいて、お客さんが買ったパンの値段はレジよりも速く暗算で計算します。なんとも不思議な人です。

そのツジさんを見つめる子どもの目がすばらしくいいです。子どもがここで見たことが未来の社会を豊かにするのだと思います。

第四章　ぷかぷかのお店

「ぷかぷか」には四軒のお店があります。最初にできたのはパン屋とカフェでした。その後パン屋の隣二軒が空いたので、お惣菜屋、アートスタジオを開き、「ぷかぷか三軒長屋」としました。カフェはその後赤字が多いので「ぷかぷかさんのお昼ごはん」というコミュニティ食堂に変わりました。

1　おいしい給食が「ぷかぷか三軒長屋」に

給食の担当者が替わって、給食がすごくおいしくなったときがありました。あんまりおいしいので、おかずを多めに作ればお惣菜屋ができるよね、と話をしていました。

そんな時にたまたまパン屋の隣二軒が空き店舗になりました。まとめて借りてパン屋と合わせて「ぷかぷか三軒長屋」ってのはどう？　なんて話が盛り上がりました。ぷかぷかさんたちの楽しいお店が三軒も並ぶのです。考えただけでワクワクします。

改修工事となれば当然お金がかかります。「ぷかぷか」にはお金がないので、金融公庫からお金を借りることになります。本来なら事業計画をきちんと立て、どのくらいの収益が見込めて、どれくらいで返せるかの計算をした上でお金を借ります。ところがそういう緻密な計算がとんと苦手な「ぷかぷか」、「ま、なんとかなる」と「ぷかぷか三軒長屋」という言葉の勢いだけで、金融

交通案内
JR横浜線 十日市場駅より 横浜市営バス または 東急バス 23系統「若葉台中央行き」に乗り、郵便局前 下車1分。
NPO法人 ぷかぷか 事務所 045-453-8511

ホームページ
http://pukapuka-pan.xsrv.jp/
ぷかぷかパン 検索
Facebookページ「ぷかぷか」もあります。

公庫から二千万円も借り入れました。

一軒はお惣菜屋、もう一軒はアートによるメッセージを発信するお店にしたいと思いました。もともとカフェにぷかぷかさんの絵をたくさん飾っていました。絵を通してぷかぷかさんのよさを知って欲しいと思ったからです。

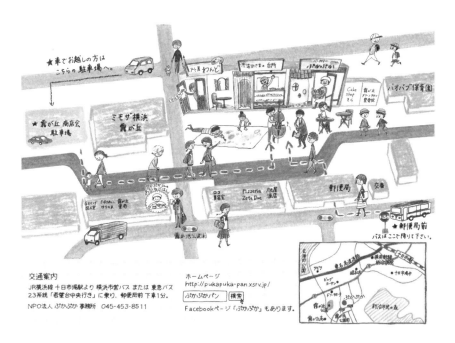

「こんな素敵な絵を描く人は街にいたほうがいいよね」って会話が、絵を見ることで生まれるといいと思っていました。そういうアートによるメッセージの発信場所をつくりたいと思ったのです。

お惣菜屋は「おひさまの台所」、アートのお店は「アート屋わんど」という名前に決めました。「おひさま」には、明るく、健康的なイメージがあります。「わんど」というのは、大きな河の河口付近の岸辺で渦を巻いているところです。そこには本流には棲めないいろんな生き物が集まっています。そんなふうにいろんな人が集まれるような場所にしたいと思いました。

「ぷかぷか三軒長屋」はなんだかとても泥臭い名前で、何よりも楽しそうです。ここはただお店が三軒並んでいるのではなく、お店の前に来ると、なんかホッとした気分になって自分を取り戻し、お茶を飲みながらいい時間を過ごしたり、お友達と延々おしゃべりしたり、なんだか楽しくなって絵を描きたくなったり、楽器を演奏したくなったりするような広場です。

宮澤賢治の「ポラーノの広場」のようなイメージです。

前頁の絵は「ぷかぷか三軒長屋」ができる前にアートのスタッフに私のイメージを話して描いてもらったものです。

「ぷかぷか三軒長屋」ができて四年、ほぼこんな感じの広場ができ、なんだかいつ来ても楽しい雰囲気です。その中心にいるのがぷかぷかさんたちです。彼らがいるからこそ、この「ぷかぷか三軒長屋」が、なんだかホッとする、心あたたまる場所になっています。私たちだけでやったのでは、こんな心安らぐような場所はできません。そこにこそ彼らが街にいる理由があります。彼らは街に必要なんだと思います。

2 ベーカリーぷかぷか

パン屋は最初に出来たお店で、小麦粉、酵母、少量の塩、水というシンプルな構成でパンを作っています。小麦粉そのものの素朴なおいしさを味わってほしいからです。甘さで飾り立てたパンが多い昨今、未来を担う子どもたちには、ぜひこの素朴なおいしさに出会ってほしいと思っています。

ぷかぷかのパンを買うと、ほっこりあたたかなお土産がつきます。このお土産こそが、ぷかぷかのメッセージです。

添加物は使わないので、お客さんが安心して食べられるパンです。何を買っても、恐ろしいほどの添加物が入っている昨今、「お客さまが安心して食べられる」というのは、とても価値あることだと思います。

「ぷかぷか」のミッションには「健康な命を未来に引き継ぐ」という言葉があります。命を傷つけるような食べ物が氾濫している今、「健康な命を未来に引き継ぐ」ことを、あえてミッションに掲げました。それを具現化するようなパンを作ります。命をしっかり支えるようなパンです。「ぷかぷか」は福祉事業所ですが、食べ物を扱っている以上、食べ物と命のこともきちんと考えてやっていきたいと思っています。

パン屋で働いているぷかぷかさんはコンノさん、ユースケさん、ショーヘーさん、ユミさん、ツジさん、ハセさん、ヤッちゃん、フタミンの八人です。

コンノさんは「ぷかぷか」で一番よく売れるクリームパンに使うカスタードクリームを作っています。材料を揃え、計量し、コンロで炊き上げ、全部一人で作ります。カレーパンを揚げ、コロッケを揚げ、パンの仕込みもやります。パンの仕込みは午後、粉を量り、水を量り、酵母を量りといったことから始まりますが、計量を間違えると、翌日のパンが全部ダメになってしまう、という責任ある仕事です。それを毎日黙々とこなしています。

お話が好きで、彼は、時々厨房からお店に出てきて、お客さんに矢継ぎ早に質問します。

「お名前は？」「きょうだいいますか？」「お兄さんですか？　お姉さんですか？」「お父さんは

ネクタイしていますか?」「ネクタイは何色ですか?」といった調子なので、初めての方はどぎまぎしてしまいます。でも、コンノさんの言葉は不思議とそのどぎまぎした心をほぐし、心をあたたかいもので満たしてくれます。

機関銃のように次から次に飛び出す質問に答えているうちに、コンノさんとのやりとりがだんだん楽しくなってきて、パンを買いに来たことも忘れるほどです。

障がいのある人たちと、こんなふうな楽しい出会いをして欲しいと思って「ぷかぷか」を立ち上げました。コンノさんはそんな私の思いをしっかりと実現してくれています。

ユースケさんは洗い物が大得意で、大きなばんじゅうを次々に洗います。パンを焼く鉄板もきれいにしてくれます。写真が大嫌いでしたが、ある時、

「このカメラはいい男追跡装置が付いていて、自動的にいい男のほうを向いて、自動的にシャッターが落ちるんだよ」

と言いながらパシャッとシャッターを押すと、まんざらでもない顔をし、以来、なんだかんだ言いながらもカメラの前でいい顔をします。

ショーヘーさんはいつもニコニコいい顔をしながら黙々と仕事をこなしていきます。仕事の終わりには毎日お母さんに電話します。

「きょうはぁ、パンのふくろづめとぉ、ラスクのふくろづめとぉ、ラベルはりをやりました。たのしかったです。おしまい!」

こんな電話が毎日かかってくるなんて、お母さん幸せだなと思います。

演劇ワークショップのときは電話口で歌を歌っていました。

「きょうはぁ　♩　おひさま〜が　りんごの　葉っぱの影をつ〜くり〜……♪と、歌いました。

おしまい」

そばで聞いていても幸せな気持ちになりました。

3　おひさまの台所

お惣菜、お弁当、小倉ロールなどを製造、販売しています。材料は安心、安全なものを使っています。パン屋と同じく、障がいのある人たちが作ったものだから買ってあげるという関係に寄りかからず、おいしいから買う、という関係の上で仕事をしています。実際、おいしくて安心・安全ということでお客さんがしっかりついています。

おひさまの台所はスタッフ三人、ぷかぷかさん七人で回しています。厨房のぷかぷかさんは、アヤさん、モモコさん、ナオコさん、ヨッシー、ユキコさん、店頭のぷかぷかさんはミズキさん、みーちゃんの七人です。

ミズキさんは店頭に立ってお惣菜、お弁当の販売をしています。ミズキさんの接客は、いわゆる「接客マニュアル」にあるような接客ではないので、ピシッとは決まっていないのですが、物腰の柔らかい笑顔の接客はお客さんに大好評です。ミズキさんの接客に癒されるお客さんが多く、先日は、「いつも癒されているお礼です」とたくさんの柿を届けてくださったお客さんがいました。

谷村新司や加山雄三など、一昔前の歌が好きで、時々近くのお年寄りのケアをやっているところに行って歌ったりしています。お年寄りの方にとっては懐かしい歌ばかりで大好評です。ミズキさんはお父さんが持っている古いCDやテープを聴いて覚えたそうです。ミズキさんの柔らかい物腰と古い歌の雰囲気がぴったりマッチして、お年寄りの方たちの心を癒しているようです。

一人暮らしのお年寄り向けに「歌付き弁当」を考えました。これはある財団の福祉助成金に応暮したときに思いついたアイデアです。

弁当を配達したついでにミズキさんがお年寄りの前で歌を歌ってきます。お年寄りの方にとっては、思いがけず懐かしい歌を聞き、ひととき、あたたかないい時間を過ごすことができます。

おいしいお弁当と懐かしい歌、柔らかい物腰と心癒される笑顔。心があたたかいもので満たされます。一人暮らしのお年寄りの方にとっては思いもよらないいい時間です。ひょっとしたら、またあの人に弁当を持って来てほしい、と注文が入るかもしれません。障がいのある人たちの働く弁当屋への視線が変わります。歌付き弁当は障がいのある人たちへの視線を変える、という社会的にすごい意味のある仕事をすることになります。

歌付き弁当はお年寄りの見守り、といったことにとどまらず、お年寄りにひとときのいい時間を提供し、またそんな時間を過ごしたい、という前向きの気持ちを呼び起こします。明日に向かって生きる気持ちです。私なんかが出かけていっても、お年寄りの方がそんな気持ちになることはまずありません。そのあたりを考えると、ミズキさんのあたたかなキャラクターってすごいチカラがあるのだと思います。お年寄りに前向きの気持ちを呼び起こすチカラです。

おしゃべりが得意なリエさんには「おしゃべり付き弁当」、似顔絵が得意なヨッシーには「似顔絵付き弁当」、「愛の讃歌」「ヨイトマケの唄」が得意なツジさんには「愛の讃歌付き弁当」「ヨイトマケの唄付き弁当」の配達を頼もうと思っています。

おいしいお弁当食をべながら、楽しいおしゃべりをしたり、似顔絵を描いてもらったり、「愛の讃歌」や「ヨイトマケの唄」を歌ってもらうなんて、考えただけで楽しいです。そんな楽しいお弁当を一人暮らしのお年寄りのところへ届けられたら、みんな本当に元気になるように思います。「ぷかぷか三軒長屋」はそんな元気弁当の発信基地でもあるのです。

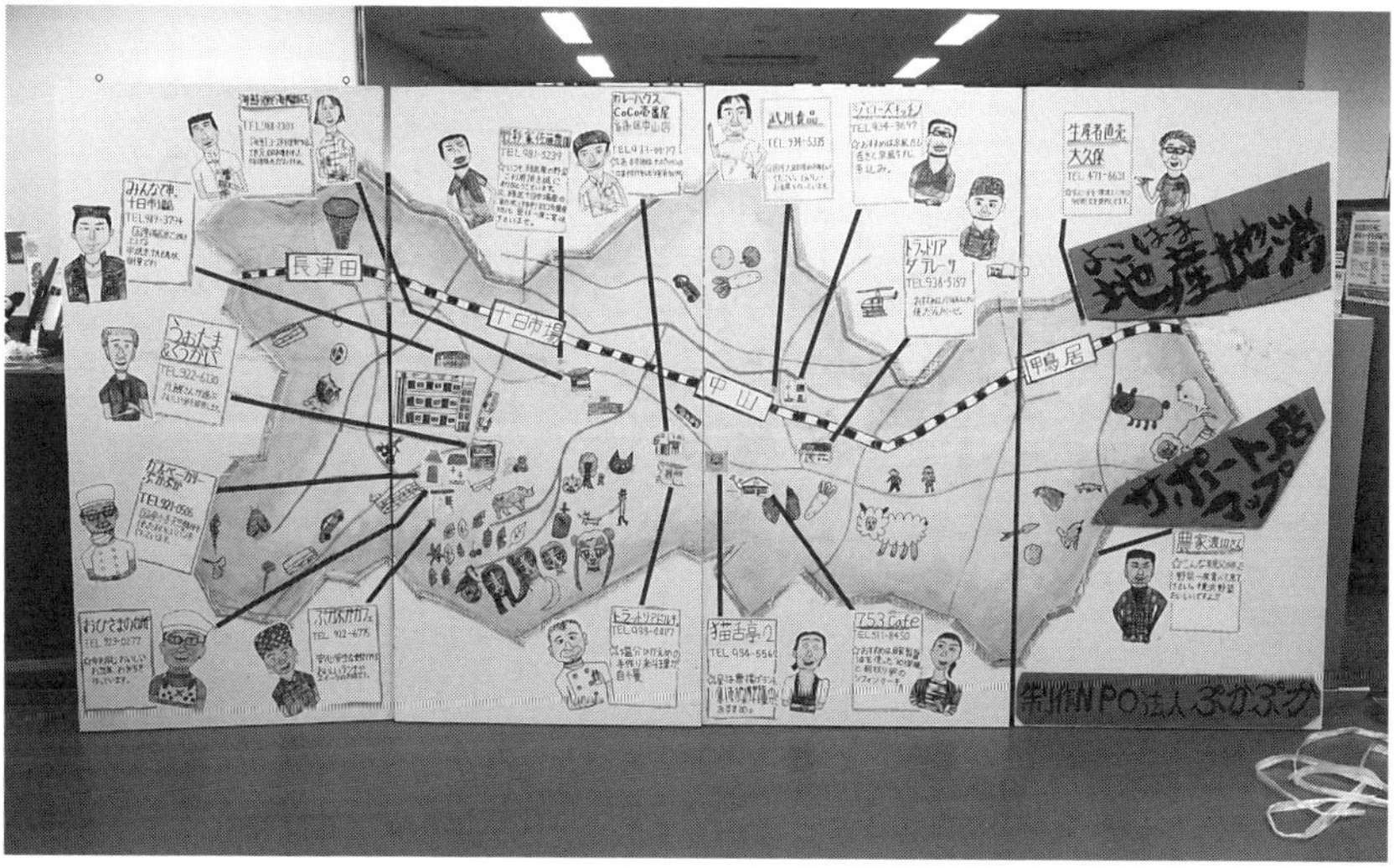

このアイデアが評価され、なんと一〇〇万円をゲット。スチームコンベクションを購入しました。

4　アート屋わんど

日々アート活動をやっています。一人ひとりの活動が多いのですが、時にみんなで大きな作品に取り組んだりします。地域の大人や子どもたちとアートのワークショップをやることもあります。

　大きな作品では緑区民まつりの際、地産地消ブースの壁に地場野菜を使う料理店の大きな絵地図を描いたことがあります。横三・六メートル、縦二メートルの大きさの紙に緑区の絵地図、その上に各店舗の絵とシェフの似顔絵を描き入れました。似顔絵は画伯・ヨッシーが描きました。ヨッシーは似顔絵が得意です。なんともいえない味のある似顔絵を描きます。建物の絵だけでなく、お店のシェフの似顔絵が入っていれば、なんとなく親しみがもてて行ってみたくなります。

似顔絵以外の建物、道路、動物などの絵はタカノブさん、ショーヘーさん、リエさん、テラちゃんが描きました。みんな自由に描いてもらったので、十日市場駅の近くの道路をサイが歩いていたり、鴨居駅の近くではイルカが飛び上がったりしています。こんなのいるわけがない、と思うより

「え!? こんなところをサイが歩いてるの? ひゃ〜、サイコー!」

と考えるほうが人生楽しくなります。駅の近くの道路をサイが歩いている絵を描く彼らのセンスが私は好きです。いろいろ計算して描いたのではなく、多分そういう世界、駅の近くをサイが歩く世界を彼らは生きているのではないかと思います。その世界をそのまま受け入れることで、私たちの文化は厚みを増します。

そうやって、なんとも言えない楽しい絵地図ができ上がりました。とても好評で、区民まつりの日一日だけで捨てるのはもったいないと、養生した上で、区役所のロビーを飾ることになりました。

味気ない区役所のロビーが、ぷかぷかさんたちの描いた大きな絵地図が飾られたことで、ホッと一息つけるような雰囲気になりました。たくさんの人がそれを見ます。障がいのある人たちって、こんな楽しい絵を描くんだって思った人は多いと思います。絵を通して障がいのある人たちに出会う、そういう役割を大きな絵地図は果たしたと思います。

地産地消ブースのデザイン、装飾もやりました。テーマは野菜たちの行進です。ブースの屋根をぷかぷかさんたちが作った楽しい野菜たちが行進しました。

地域の人も参加するアートのワークショップもやっています。ワークショップは、一人で作るのではなく、みんながいるからこそできるものを作ります。でき上がったものにはみんなのエネルギーがわんわん渦巻いています。障がいのある人もない人も、そんなこと関係なくみんなで作っていきます。障がいへの配慮もありません。障がいのある人に何かやってあげることもありません。お互いフェアな位置で作品作りに取り組みます。

「おしゃべりな森を作ろう」「大きなクジラの絵を描こう」「富士山を描こう」「巨大フランスパンを作ろう」「秋コレ・ぷかぷかファッションショー」などをテーマにアートのワークショップをやりました。

大きなクジラの絵は一〇センチ角くらいの四角い枠の中に好きな絵を描くところから始まりました。この絵がどうしてクジラになるんだろうと思っているうちに、近所の子どもたちが枠を超えて絵を描き始め、それをきっかけにそれまでおとなしく枠の中に絵を描いていたぷかぷかさんたちも、枠を超えて自由に描き始めました。

この時役に立ったのが、ゆがんだ枝の先に布を巻き付けて作った筆。ふつうの筆に比べると、なんとも不自由というか、筆を

使う感覚が全く違ってきます。でも、この思い通りに描けない、という感覚が、今までにない新しい線や面を生み出すことになります。不自由さが人を今までの概念から自由にするのです。

みんながだんだん自由になった勢いで、クジラの泳ぐ海を描き、空を描くと、クジラが完成。その間、なんとわずか一時間ほどでした。一時間でこれほどの大きな絵を描いてしまうのが、ワークショップという場のもつエネルギーだろうと思います。

家庭でこんな大きな絵をダイナミックに描く機会なんてまずありません。「ぷかぷか」はそういう機会を提供し、しかも障がいのある人たちとおつき合いができる、という一石二鳥の場です。

秋コレ・ぷかぷかファッションショーは、ぷかぷかアートディレクター金子さんのデザインしたモデルさんの型紙を装飾するワークショップです。型紙と同じポーズをやってみるところからスタートしました。モデルの大胆なポーズを体で納得するところから始めようというわけです。なんだかやる気が、体の中から湧いてくるようです。

顔の装飾から始まりました

おひさまの台所

22-8

が、目、鼻、口、とやる人、使う材料が違うので、実に楽しい顔ができ上がりました。広告を切り貼りしたり、サインペンで塗ったり、新聞を貼り付けたりで、体にも様々な装飾がされてきます。初めのうちはモデルのイメージがなかなか湧かないのですが、全部装飾し終わって、壁に立て掛けたとき、モデルが生き生きと立ち上がるのです。横になっているときとまるで別人です。

当初の予定ではカフェの壁を飾る予定でしたが、それだけではもったいない気がして、秋のぷかぷかマルシェで、このモデルのお姉さんたちを先頭にみんなでファッションショーをやって街を練り歩くことにしました。ぷかぷかさんたちだけでなく、街の人たちにも呼びかけて、みんなでこのお姉さんたちに負けない衣装で練り歩こうというわけです。

こんなことはぷかぷかさんがいてこそできるイベントで、あらためて彼らは街を楽しくしてくれる存在なんだと思いました。私たちだけではこんな楽しいことはできません。「アート屋わんど」はお店に閉じこもることなく、街をアートで盛り上げる仕事もやっているのです。

相模原障害者殺傷事件の容疑者は「障害者はいない方がいい」と言い、その言葉に共感する社会全体の障がいのある人たちへの冷たい視線があります。それを乗り越えるには、こういった障がいのある人たちと楽しい時間を一緒に過ごす機会をたくさんつくり、

「彼らと一緒だと楽しいよね」

と思う人をたくさんつくり出すことだと思います。一緒に楽しく過ごす日々をつくり出すこと、それが何よりも大切な気がしています。アート屋わんどはその手がかりをアートの形で街に提供しています。

アートのワークショップで作ったファッションショーのモデルのお姉さんたちは、演劇ワークショップの芝居にも登場し、大きなホールの舞台に一緒に立ちました。

アートのワークショップで作ったものが、単なる飾りで終わるのではなく、社会に出て、その場の雰囲気をさらに盛り上げる役割をしています。モデルのお姉さんたちが想定外のところでさらに生きる、というわけです。

「ぷかぷか」は制作したアートを内輪の世界に閉じ込めないで、積極的に社会に差し出していこうと考えています。社会に差し出すことで、社会が豊かになると考えるからです。

「ぷかぷか」のアートはひと目で「あっ、面白い！」という言葉を引き出します。なんか楽しい気分になったり、ほっこり心が

あたまったり……。言葉によるくどくどした説明よりもはるかに説得力があります。

「あっ、面白い！」は、その作品を作った人との出会いでもあります。こんな面白い作品は、どんな人が作ったんだろう、とたどっていくと、障がいのある人に行き着きます。素敵な作品の「作家」さんが、実は障がいのある人だった、と。彼らはこんな面白い作品を作るんだ、という発見、出会い。

「あっ、面白い！」は、こんなふうに障がいのある人たちとのいい出会いをもたらします。彼らとの出会いは人間としての幅を広げ、人を豊かにし、社会を豊かにします。

「あっ、面白い！」は、こんなアートは社会にあったほうがいい、につながります。そしてこんなアートを作る人は社会にいたほうがいい、一緒に生きていったほうがいい、と。

アートとそれを作った人が、社会を豊かにしていきます。

5　ぷかぷかさんのお昼ごはん

カフェは「ぷかぷか」のファンができた出発点でした。でも、居心地がよすぎて、長居をするお客さんが多く、毎日お客さんは一回転しかしませんでした。ですから、ずっと赤字が続いていました。福祉事業所とはいえ、赤字を抱えてはやっていけません。七年目にぷかぷかさんと一緒に給食を食べる「ぷかぷかさんのお昼ごはん」というお店に変えました。給食を多少多めに作り、それをお客さんと一緒に食べるお店です。ぷかぷかさんたちと一緒に給食を食べるので、自然にコミュニケーションが生まれます。学生食堂に入って、学生さんと一緒にごはんを食べる雰囲気です。楽しい食堂です。

「ぷかぷか」は「障がいのある人たちとは一緒に生きていったほうがいいよ」というメッセージを発信し続けています。ですからぷかぷかさんと一緒にごはんを食べることは、そのメッセージを実際に体験することになります。

営業的には給食を多少多めに作ってお客さんに提供する形なので、ロスが大幅に減りました。カフェの頃は、お客さんが来ないと、せっかく作った食事がそのままロスになり、本当に大変でした。

「ぷかぷかさんのお昼ごはん」はまだできたばかりです。たくさんの物語が生まれるのはこれからです。詳しくはホームページの「ぷかぷかさんのお昼ごはん」を見てください。

第五章　まっすぐ前を向いて生きています
――障がいのある人が働く、ということ

「ぷかぷか」は就労支援の事業所です。始める前は一般的な意味で仕事を提供する、ということしか考えていませんでした。でも「ぷかぷか」を始めてから、仕事はぷかぷかさんの人生を支えるほどのものであることをぷかぷかさんに教わりました。

1　知的障がいの人には単純作業が向いている？

「知的障がいの人には単純作業が向いている」と、昔からよく言われています。知的な障がいがあるから難しいことはできない、という意味です。ですから福祉事業所の多くは「軽作業」と言われる電機部品や自動車部品の簡単な組み立て作業、ダイレクトメール、教材のセット作りなどの仕事が多いようです。確かに仕事は簡単で、誰にでもでき、知的に障がいのある方には向いているのかもしれません。

同じことの繰り返しに、はまる方もいます。でも、同じことの繰り返し、というのは一、二週間ならともかく、それが何カ月、何年も続くとなると、ふつうは、かなり辛いものになります。

以前、養護学校の教員をやっていた頃、校内の実習で電機メーカーから仕事を回してもらい、

電機部品の組み立て作業をやったことがあります。部品を組み合わせてねじを締めるという簡単な仕事でした。でも、その部品が何の部品なのか、どういう役割をしているのか、といったことはわからない仕事でした。

わからなくても部品を組み立てる、という仕事はできます。でも、自分がやっている仕事の意味がわからなければ、仕事をやった、という充実感は生まれません。もっといいものを作ろうとか、売り上げを伸ばすにはどうすればいいか、といった仕事をする上での前向きの気持ちももちようがありません。仕事に対する前向きの気持ちがもてないなかで、ただ決められた日までに決められた量をこなさねばならないという仕事は、何かロボットのようで、むなしく、辛かったことを覚えています。

このむなしさ、辛さは知的に障がいがあっても、同じように感じられると思います。知的に障がいがあるのだから、そんなことはわからない、と考えるのはずいぶん失礼な気がします。自分にとって辛い仕事であれば、彼らにとっても辛いだろうと思う、そういう想像力こそが問われていると思います。

これは仕事なんだから、辛くてもやるべきだ、と考えるのか、仕事は前向きの気持ちをもてるものでないと長くは続かない、と考えるかで、この問題への対応は違ってきます。

私は養護学校の教員をやっている頃、仕事は辛くてもがんばるべきもの、と思っていました。ですから生徒たちにもそういった話をずいぶんしました。卒業生が就職後、仕事が辛いと相談に来たこともあります。そんな時も、

「仕事はお金を稼ぐ以上、辛いことがあっても我慢しなきゃだめだよ」

などと言ったりしていました。

でも、自分で彼らの働く場をつくってから、考え方が一八〇度変わりました。きっかけは障害区分認定調査でのぷかぷかさんの言葉でした。

2　一大決心で飛び込んだ「ぷかぷか」

日常生活の中で介護が必要な方は三年に一度、障害区分認定調査というのがあります。ケースワーカーさんが来て、「これをするときは一人でできますか?」「誰かの介護が必要ですか?」といった質問を、いろいろな場面を想定しながらします。その答えによって、この人にはこれくらいの介護サービスがつけられる、といった判定をします。

みーちゃんというメンバーさんの調査があったときの話です。みーちゃんは「ぷかぷか」に来る前、地域作業所で仕事をしていました。刺繍や織物をしていたそうです。ただ仕事といってもノルマがあるわけでもなく、自分のペースでやっていました。余暇活動の延長、といった雰囲気です。そういう意味では仕事に追われるといったこともなく、きわめてのんびりした楽な仕事だったようです。ただ楽すぎて、二十代半ばになって、ずっとこんなのんびりでいいのかなという思いがあって、「ぷかぷか」にやってきました。今まで経験のない世界に飛び込むわけですから、本当に一大決心だったと思います。

「ぷかぷか」ではクッキーやラスクを作っています。ノルマというほどのものではありませんが、今日はこれだけ作ります、という形で、前にいた作業所よりは仕事は少し厳しい、ということはありました。厳しいと言っても、作りやすい三〇〇グラムの粉でクッキーを作るので、それ自体は決してむつかしいものではないのですが、それでもそれを「仕事としてやる」ので、みーちゃんにとっては、やはり精神的に厳しい感じはあったと思います。仕事としてやる、というのは、商品になるものを作るので、それなりの緊張感があります。ここがきちんと売れる商品を作ることを目的としていない作業所の仕事との大きな違いだと思います。

みーちゃんにとって今まで経験したことのない厳しい中であっても、その厳しさを支えるものが「ぷかぷか」にはありました。作ったものが毎日売れる、ということです。

毎日三〇〇グラムの粉でクッキーを作り、鉄板の上に並べます。焼き上がると、商品が五袋でき、だいたい一日で売れます。ですから、二種類のクッキーを日替わりで三〇〇グラム、一鉄板ずつ作っていました。みーちゃんの体力から考えて一日三〇〇グラムが限度でしたが、それでも毎日のようにパン屋の店長に電話して（クッキーを焼くパン屋は、クッキーを作る工房から歩いて五分くらい離れていました）、

「今日は何をどれくらい作りますか？」

と、聞いていました。仕事の注文を聞いて、それに合わせて仕事をする、ということがすごく楽しいようでした。

自分の作ったものが売れることはうれしいものです。仕事の結果がすぐわかるわけですから。この喜びが、みーちゃんに仕事の意味をしっかり教えたように思います。

仕事を覚えるために、初めはスタッフと一緒に仕事をやっていましたが、ひと月もしないうちにしっかり仕事を覚えました。それなら、とみーちゃんにすべて任すことにしました。道具の準備、材料の準備を全部一人でやるようにしたのです。このことがさらに仕事を面白いものにしたようでした。

3　まっすぐ前を向いて生きています

そうやって二年ほどたった頃でした。仕事がだんだん楽しくなってきて、認定調査で来たケースワーカーさんに、

「ぷかぷかの仕事はどうですか？」

と聞かれ、

「以前はいつもうつむいていましたが、今はまっすぐ前を向いて生きています」

と答えました。

私はケースワーカーさんのそばで聞いていたのですが、「まっすぐ前を向いて生きています」という言葉には、本当にびっくりしました。普通に会社勤めをしている人でも、こんな言葉はなかなか口にできません。でも、みーちゃんにとって、仕事をすることは、そんなふうに「生きること」にストレートに結びついていたようです。だからこんなすばらしい言葉が、ぽろっと出てきたのだと思います。

仕事というものがぷかぷかさんにとって、とても大事なものであり、「ぷかぷかさんの人生をしっかり支えている」ということに、恥ずかしい話、この時初めて気がついたのです。

「まっすぐ前を向いて生きています」なんて、そうそう言える言葉ではありません。それをさらっと口にするくらい、みーちゃんの毎日がすばらしく充実していたのだと思います。そして、そんな毎日を「仕事がつくり出した」ということ。仕事ってこんなすごい力があったんだ、とその時思いました。仕事についてのイメージが、この時大きく変わりました。

人は仕事をすることでいろいろ成長していきます。仕事をする、ということには、創意工夫が求められ、緊張感があり、達成した喜びがあり、仕事を通していろんな人との出会いがあり、売れるとお金が手に入る、といったことの連続です。そういった中で人は成長していきます。だからこそ仕事は楽しいのです。

みーちゃんは仕事をするなかで、それを自分で見つけました。だからあんな素敵な言葉をさらっと口にできたのだと思います。そして「ぷかぷか」はそういう仕事を利用者さんに提供できていたことに、みーちゃんの言葉で気づかされたのでした。特に意識していたわけではありませんが、「ぷかぷか」で提供している仕事の評価が、そういう形で出てきたことを、とても嬉しく思いました。

4　人生への配慮が抜け落ちているのじゃないか

みーちゃんは障害者手帳を持っていますから、いわゆる「知的障がい」と言われる方です。でも、みーちゃんに単純作業が向いているとはとても思えないのです。もし「ぷかぷか」で毎日毎日単純作業をやっていたら、「まっすぐ前を向いて生きています」などという言葉はたぶん出てこなかったでしょう。たとえばボールペンの組み立て作業を毎日毎日やるとして、そんな言葉が出てくるかどうか、ちょっと想像すればすぐにわかります。毎日毎日同じことを繰り返す単純作業では、創意工夫が求められることもなければ、達成した喜びもありません。明日に向かって前向きな気持ちになることもありません。

みーちゃんは、仕事をすることで、人生がすごく楽しくなりました、と言っています。仕事と人生をしっかり結びつけています。みーちゃんの言葉を丁寧に見ていったとき、「知的障がいの人には単純作業が向いている」という言葉を当たり前のように使う社会は、知的障がいのある人たちの人生への配慮が抜け落ちているのではないか、ということに気がつきました。社会全体が気づいてこなかった、とても大事な問題だと思います。

当たり前のことですが、彼らも人として生きています。日々喜びがあり、悲しみがあり、といった私たちと同じ人生を歩んでいます。仕事が楽しければ、人生が充実し、仕事がつまらないものであれば、人生はさびしいものになってしまいます。「知的障がいの人には単純作業が向いている」などというのは、彼らの人生をきちんと見ていく視線が社会から抜け落ちているのではないか、ということです。

みーちゃんの「まっすぐ前を向いて生きています」の言葉は、まさにその問題を突いているように思うのです。彼らには単純作業しかできない、という蔑みの視線に対する問い。私たちの、障がいのある人を見る目への問いです。それを私たちはどう受け止めていくのか、私たち自身の生き方が問われるような、深い問いだと思います。

5　仕事のもつ意味が、ぐ～んと豊かに

みーちゃんの障害区分認定調査のとき、気がついたことがもう一つあります。

ケースワーカーさんが、こんな時はどうですか？　一人でできますか？　それとも介護が必要ですか？　といろんな場面を想定しての質問を繰り返して、介護が必要なとき、必要でないときを確かめていきました。質問に対するみーちゃんの答えを、これは自分でできる、これは介護が必要、といった形で整理していくと、ケースワーカーさんがびっくりするほど、自分でできることが増えていきました。言い換えれば、「介護の度合いが下がった」ということです。

自分でできることを増やすために、なにかトレーニングとかリハビリをやったわけではありま

せん。みーちゃん自身、なにか特別なことをやった自覚はないようでした。

確かなことは、「まっすぐ前を向いて生きています」と語るほど、今、毎日が充実し、生き生きと毎日を生きているということです。毎日が生き生きとしたものになる、つまり心がはずんでくると、それに引っ張られて体も生き生きとしてきます。

いろんなことができるようになる、というのは、明らかに心と体に変化があったからだと思います。それが、仕事が充実することで生じたのなら、これは仕事のもつ意味が大きく変わってきます。

「ぷかぷか」を始める前は、漠然と利用者さんに仕事を提供することしか考えていませんでした。「ぷかぷか」は障がいのある方の就労支援の事業所ですから、文字通り「就労を支援する」仕事です。でも、仕事がぷかぷかさんの人生を支える、といったことは考えてもみませんでした。

ところが結果として、「ぷかぷか」の仕事はぷかぷかさんの人生をしっかり支え、毎日が充実し、そのことで介護の度合いまで下がる、ということまで起きていたのです。これには正直びっくりしました。

仕事のもつ意味が、ぐ〜んと豊かになった気がしました。仕事がただ単にお金を稼ぐ手段ではなく、こんなふうに豊かな意味をもつものであることをみーちゃんから教わった気がしています。

6　ビジネスの面白さで毎日が楽しい

「ぷかぷか」は国産小麦、天然酵母のパンにこだわっています。おいしいパンを作りたいからです。

障がいのある人たちが働いていますが、「障がいのある人たちが作ったパンだから買ってあげる」という感覚で買ってもらうのではなく、「おいしいから買う」という当たり前の感覚で買ってもらえるパンを作りたいと思っていました。

ほかのお店に負けないパン、街の中で勝負できるパンを目指しました。そんなふうにビジネスで仕事をすることでおいしいパンができます。同じようにおいしい食事、おいしいお惣菜もできます。

おいしいパン、食事、お惣菜ができれば、当然商品は売れます。商品が売れるとぷかぷかさんはうれしくて笑顔になります。職場が明るくなり、楽しい雰囲気になります。みんなの笑顔を見てお客さんが癒やされ、また来たいと思うお客さんが増えます。市場で勝負できる商品、ビジネスで生まれた商品は、こうやって福祉事業所の、お店としての好循環を生みます。

福祉事業所の方に商品の競争の話を持ち出すと、

「いや、うちは《福祉》ですから」

と、全く話に乗ってこないことが多いのですが、何かもったいない気がします。確かに競争して、いい商品、売れる商品を作らなくても、利用者さんがいれば、その人数分だけ福祉サービスの報酬が入るので福祉事業所は運営できます。でも、仕事というのは、運営できていればいい、というものでもありません。

「ぷかぷか」をやってわかったのは、ビジネスで仕事をすると、それに「面白さ」が加わる、ということです。商品が売れると、みんなうれしい気持ちになります。もっと売れるようにするにはどうしたらいいかを考えます。くるみを入れてみたらどうか、とか塩麹はどうか、といった創意工夫は楽しいものです。

エミさんは家でおやつがないときに思いついて作った塩麹（たまたま冷蔵庫にあった）を入れたマドレーヌを職場に持ってきました。みんなで食べて、

「あ、これおいしいじゃん！　商品になるよ」

と言われたのがきっかけで、いろいろ改良を重ね、「塩くまくん」という商品になりました。それがなんとお店の商品としてヒット。こういうところがビジネスの面白いところ。今、エミさんは毎日がすごく楽しくなりました。新商品の開発を狙って、日々いろいろ試行錯誤しています。

職場にはこういう「面白さ」があったほうが、活気が出てきてみんなが元気になります。

見学に来られた方の多くが「ぷかぷかは明るいですねぇ、どうしてですか？」と言われます。これはやはり居心地がいいことと、みんな仕事を楽しんでいるからだと思います。ビジネスでやる仕事、本物の仕事は、ぷかぷかさんのやる気を引き出し、職場全体を明るくします。みんな「まっすぐ前を向いて生きている」のだと思います。

「ぷかぷか」が区役所でパンを販売するときは、いつも行列ができます。次々に売れていくので、活気があります。利用者さんたちは商品の説明をしたり、呼び込みをしたり、商品を袋詰めしたりします。顔見知りのお客さんとはハイタッチであいさつしたり、「連休はどこか遊びに行ったの？」みたいなお話をします。みんな笑顔で仕事をしています。その笑顔を見て、お客さんは癒やされ、「パンと一緒に元気をもらった」とまたやってきます。おいしいパンだからこそ、こういう活気が生まれ、好循環が生まれます。

ビジネスは福祉事業所を活性化します。ぷかぷかさんもスタッフも、そしてお客さんも元気にします。ビジネスはほかのお店に負けないいい商品を作り、それを売る、という大変な部分もあります。でも、その大変な部分こそがビジネスの面白いところであり、その面白いところをぷかぷかさんと共有できているところが、「ぷかぷか」の強みだと思います。

7　一石五鳥のソーシャルビジネス

以前、朝日新聞がソーシャルビジネスについて取材に来たことがあります。

「どうして就労支援の事業をビジネスでやるのですか?」

と聞かれました。それに対し、

1、市場で売れるものを作るので、クオリティの高いいいものを作ることができる（当たり前のことですが、市場で売れるかどうかは、品物がいいものであるかどうかで決まります）。

2、いいものを作ると、売り上げが伸び、ぷかぷかさんの仕事のモチベーションが上がる。仕事が楽しくなり、ぷかぷかさんの人生が充実する。

3、ぷかぷかさんが楽しく仕事をする様子を見て、お客さんが増える。

といったことを挙げました。

ソーシャルビジネスは社会的な課題をビジネスの手法で解決しようとするものです。NPO法人ぷかぷかは、障がいのある人たちの社会的生きにくさを少しでも解消したいという思いで立ち上げました。彼らの生きにくさ、社会的疎外は彼らのことをよく知らないということから生じています。街の中に彼らの働くお店を作ることで、たくさんの人たちに彼らに出会って欲しいと思いました。

そんなお店でお客さんが増えることは、彼らと出会う人が増えることであり、それは社会的課題の解決につながっていきます。お客さんを増やしているのは彼ら自身です。ですから彼らの社会的生きにくさという社会的課題の解決を彼ら自身がやっていることになります。このことを見落としてはいけないと思います。私たちがやってあげているのではない、ということです。

彼らと出会うことは、心が豊かになることです。地域の人たちの心が豊かになることは、立派な地域貢献です。

となると、就労支援の事業をビジネスとしてやるメリットは、先に挙げた三つに加え、社会的な課題が解決していく、地域貢献にもなる、ということ考えると、まさに一石五鳥の、ずいぶんお得感のあるソーシャルビジネスを「ぷかぷか」はやっているのだと思います。

第六章　たくさんのつながりをつくる

「ぷかぷか」は地域の人たちとのつながりをたくさんつくってきました。地域の人たちとのつながりは、地域社会で生きる上で、大きな財産になります。初めは「ぷかぷか」にとって大事なことと思っていましたが、地域の人たちにとっても大事なことが見えてきました。ぷかぷかさんとのつながりは、地域社会を豊かにするからです。

1　パン教室はぷかぷかさんとのおいしい関係

ぷかぷかさんと地域の人たちで時々楽しいパン教室をやっています。天然酵母のおいしいパンをぷかぷかさんと一緒に作りながら、いい一日を一緒に楽しみます。おいしいパンとおいしい一日、そしてぷかぷかさんとのおいしい関係です。

おいしい関係は、たくさんのファンをつくりました。お店では見えない、ぷかぷかさんたちの魅力に気がついたのだと思います。

《「障害者」って言葉は、何だか違う》

と長いメールをくれた方もいました。これはすごい発見だと思います。

《同じグループだったみなさんも、とても仕事が丁寧でビックリしました。アサちゃん、いつもふんわり声が素敵です。イクミさん、お喋り上手で！　楽しかったです。みなさん、素敵な面を色々お持ちですね。

障害者……何だかとてもマイナスイメージで、冷たく失礼な言葉……

「障害者」って言葉は、何だか違う。私達と何も変わらないのでは。むしろ、みなさんの方が社交的だったり、仕事がとても丁寧で真面目だったり、いつも楽しそうだったり……》

パン教室はぷかぷかさんと一緒にパンを作るだけです。障がいのある人についてアーダコーダと説明なんかしません。ただ一緒にパンを作るだけです。それでもこんなに大事なことをお客さんが発見します。

パン教室の具体的な話を書きましょう。ある日のパン教室のメニューは白パン、メロンパン、ピタパン、花巻の四種類のパンとミネストローネスープでした。それに加え、晩柑ジャム、ピタパンに挟む具材も作りました。これをスタッフ四名と障がいのある人たち二十名くらい、地域の大人と子ども十名くらいで作ります。時間は九時半頃、天然酵母をお湯に溶かすところからスタートして、オーブン四台、蒸し器などを使って、十二時半頃には全部でき上がって「いただきます」をします。

ある時は三四人分のパン（四種類ですから四×三四＝一三六個の

パン）とスープ、具材、ジャムなどをゼロから作るわけですから、大人だけでやっても結構大変です。それを障がいのある人たち、小さな子どもたちと一緒にやるので、始めた頃は本当に大変でした。パンをこねる材料の計量だけで三十分近くかかり、お昼の一時を回ってもまだパンが焼き上がらないことがたびたびありました。そのため、材料の計量はスタッフでやることにしたり、オーブンの待ち時間がないようにオーブンを使わないパンを入れたり、発酵の時間を取らないパンを入れたり、いろいろ工夫をしました。例えば、ピタパンは発酵時間を取らずにフライパンで焼きます。花巻は蒸し器で蒸します。そういった工夫を重ねるなかで、なんとか十二時半には全部でき上がるようになりました。

でき上がり時間が早くなったのはパンの種類の工夫と並んで、なんといってもぷかぷかさんたちの技術的な向上があったと思います。

パンの成形技術の一番の基本に、発酵の終わったパン生地を丸める作業があります。これはただ生地を丸くするのではなく、一番外側に張りができるように、中に生地を丸め込むように丸めていきます。これは言葉で説明を聞いてもなかなかできません。経験を積んで、外側に張りができる感じを手の感触でつかんで初めてできることです。手のひらでパン生地を転がしていると、どこかで生地の表面が張る感じがわかるようになります。これは自分の手の感覚で探すしかありません。

これは普通の人がやってもむつかしい作業で、ぷかぷかさんたちにとってはかなり手強い作業でした。それでもみんな経験を積むなかで、長い時間をかけて生地の表面が張る感じを「あ、これだ」と見つけ、一度見つけると、どんどんうまくなりました。

ユミさんは障害者手帳のランクがA－2で（知的障がいの方は手帳のランクが重いほうからA－1、A－2、B－1、B－2と分けられています。それによって受けられる福祉サービスの内容が異なってきます）、障害程度でいえば、かなり重いほうです。それでも何度もパン教室に参加するうちに、パン生地の丸め方をはじめ、様々なパンの作り方をしっかり覚えました。最近は小さな子どもたちにパンの作り方を教えるほどになっています。

メロンパンは、普通のパン生地の上に、薄くのばしたクッキー生地を重ね合わせて作ります。クッキー生地はやわらかくて、扱い方がとてもむつかしいです。そのむつかしいメロンパンを、気がついたらユミさんは子どもたちに教えていました。これにはちょっとびっくりしました。え？　いつの間に？　というこちらの戸惑いをよそに、ユミさんはどんどんうまくなっていたようでした。

こうなると、子どもにとって、ユミさんは

「障がいのあるお姉さん」ではなく、「メロンパンの作り方を教えてくれたお姉さん」として記憶されます。そういう関係がパン教室のあちこちで自然にでき上がってしまうところがぷかぷかパン教室のいいところだと思います。

ユミさんをはじめ、みんなが本当にうまくなりました。気がつくと、たくさんのメンバーさんたちが子どもたちにパンの作り方を教えていました。

彼らの技術の向上は、パン製作にかかる時間を大幅に減らしてくれただけでなく、参加した子どもたちや大人たちと新しい関係を生み出したのです。私たちスタッフが何も言わなくても、彼ら自身で地域の人たちとの新しい関係をつくったところがすごいなと思います。

もう一つ。パン教室は、パンの具材を作ったり、実だくさんスープを作ったりで、調理をする場面が多いのですが、そこで活躍するのがふだんおひさまの台所やカフェの調理場で働いている人たちです。毎日包丁を使ったり、炒め物をしたり、スープを作ったり、春巻きを包んだり、あんこを煮たり、といったことを繰り返しているベテランです。おひさまの台所調理場にいるアヤコさんは「ぷかぷか」に来る前はほとんど調理をしていなかったのですが、毎日包丁を使っているうちにどんどんうまくなって、今ではきんぴら姫と呼ばれるくらいごぼう、にんじんの細切りがうまいです。こういう方が何人も参加されるので、調理の時間がどんどん短縮できています。それもパン教室全体の時間のゆとりを生み出す一因になっています。

その時間的ゆとりができたとき、突然「人間知恵の輪」が調理室で始まったりします。このあたりがぷかぷかパン教室の楽しいところです。

人間知恵の輪

フォカッチャ

蒸しパン

パン教室の時間的ゆとりの中で「ちょっとお茶タイムにしよう」はよくあると思いますが、「人間知恵の輪をしよう」は普通、ありません。でも、ぷかぷかパン教室では突然誰かが「人間知恵の輪やろう」と言い出し、「あ、面白そう、やろうやろう」と後に続く人が出て、瞬く間に調理室の三つのコーナーで「人間知恵の輪」が始まってしまいます。ぷかぷかパン教室は信じがたいくらい自由で、楽しくて、それでいてちゃんとしたおいしいパンを作るのです。

ツジさんはお話好きです。パン教室でも誰彼となく唐突に話しかけ、お客さんも最初はびっくりしながらも、だんだんツジさんの面白さがわかってきて、とてもいいおつき合いをしています。

ツジさんは気が向くと突然パフォーマンス付きの歌を歌い出します。パン教室のさなかに歌を歌い出すなんてことは、普通はあり得ないのですが、ぷかぷかパン教室はそれもアリどころか、みんなで一緒に歌い始めます。七月のパン教室では「ギンギラギンにさりげなく」を元気なパフォーマンス付きで歌い出すと、それに呼応するように何人かが歌い出し、パン教室が異様に盛り上がりました。「ギンギラギンにさりげなく」を歌いながらパンをこねるパン教室は多分ここだけです。ツジさんのおかげで、ぷかぷかパン教室はめっちゃくちゃ楽しく、めっちゃくちゃ自由な場になっているのです。

ツジさんはパン作りにちょっと疲れた子どもたちがいると、地区センター一階にある図書室か

この迫力ある朗読

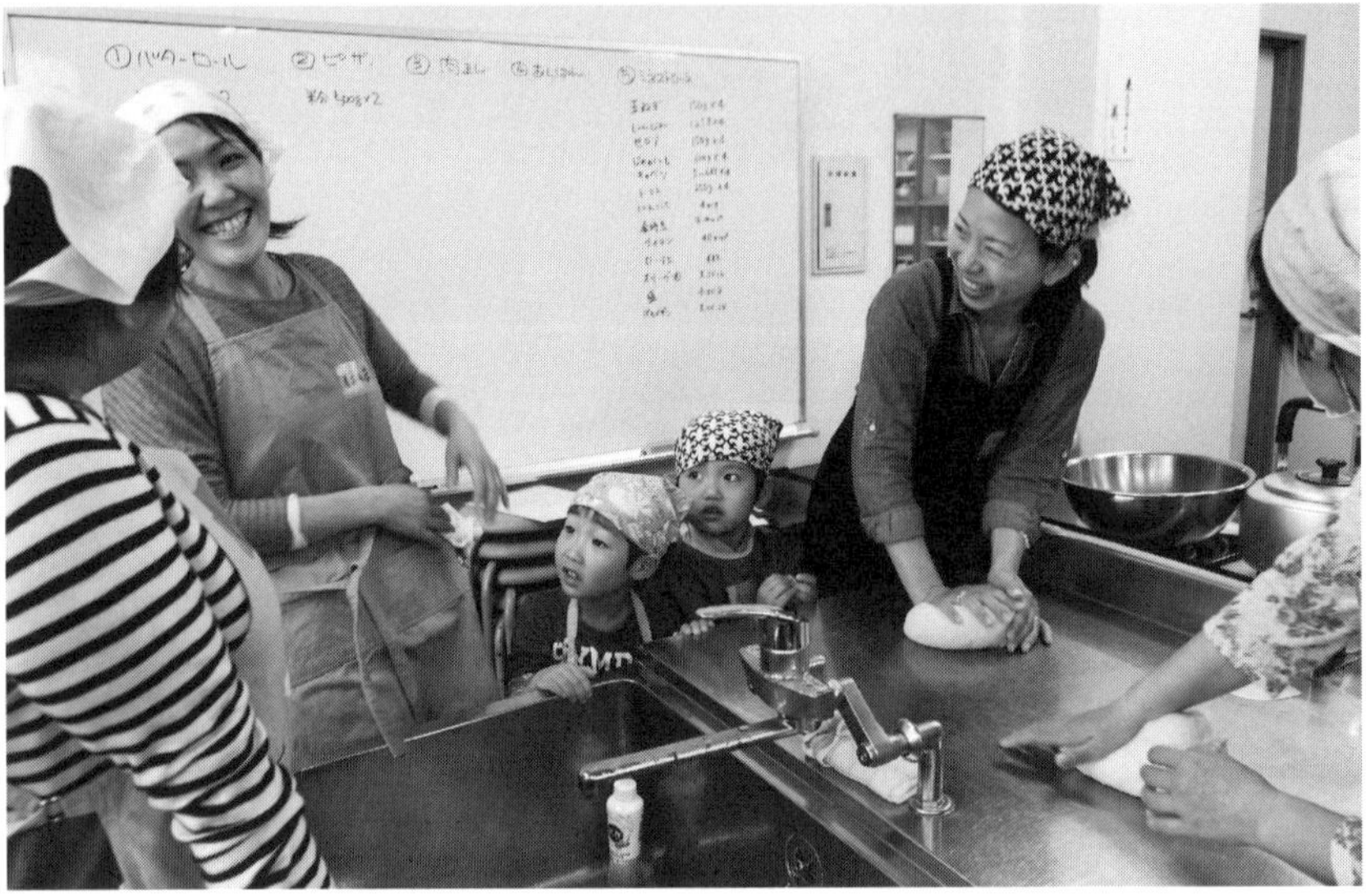

ら絵本を借りてきて、調理室の隣の部屋で子どもたちに読んでくれます。自閉的傾向が強くて、割と無愛想なのですが、ああ見えて根っこのところでは子どもたちには優しいのだと思います。

元々朗読が得意なので、思いをこめて、パフォーマンス入りで読んでくれます。記憶力がいいので、絵本を一回読むとだいたい全部覚えてしまいます。現在ツジさんは三四歳ですが、小学校二年生の国語で習った「ふきのとう」という作品をテキストを見ないですべて暗唱できます。しかも途中で止めても、記憶が混乱することもなく、そのまま続けることもできます。

記憶力がいいのと、表現力があるので、絵本の世界をメリハリあるすばらしい朗読で子どもたちに語ってくれます。

テラちゃんもお話が大好きです。話の筋がよくわからないことも多いのですが、それでも元気のいい話しっぷりには相手を惹きつける魅力があって、いつも大人気です。たくさんの人たちがテラちゃんのおかげで楽しい時間を過ごしています。こんな人が地域社会にいることがどんなにすばらしいことか、そんなことをテラちゃんとの楽しい会話の中で感じとる人も多く、テラちゃんまわりは笑い声が絶えません。

ふだんはカフェで働いていて、お客さんの顔と名前を全部覚えています。自然食品店の社長は一度お店に来ただけで名前をしっかり覚えていて、二度目に来たとき「オノさんこんにちは」と声をかけられ、とてもうれしかったとおっしゃっていました。元気のいい接客は、時にハラハラすることもありますが、元気さ故にお客さんにはテラちゃんのファンが多いことも確かです。多分カフェでもお客さんといろいろお話ししたいのだと思いますが、そこは仕事場ということもあって、テラちゃんも我慢しているようです。その我慢がパン教室に来ると、一気に解放されたかのようにしゃべりまくります。そんなテラちゃんのおしゃべりのおかげで、パン教室ではパンを作る作業以外のところでも、新しい関係がどんどん生まれてきます。

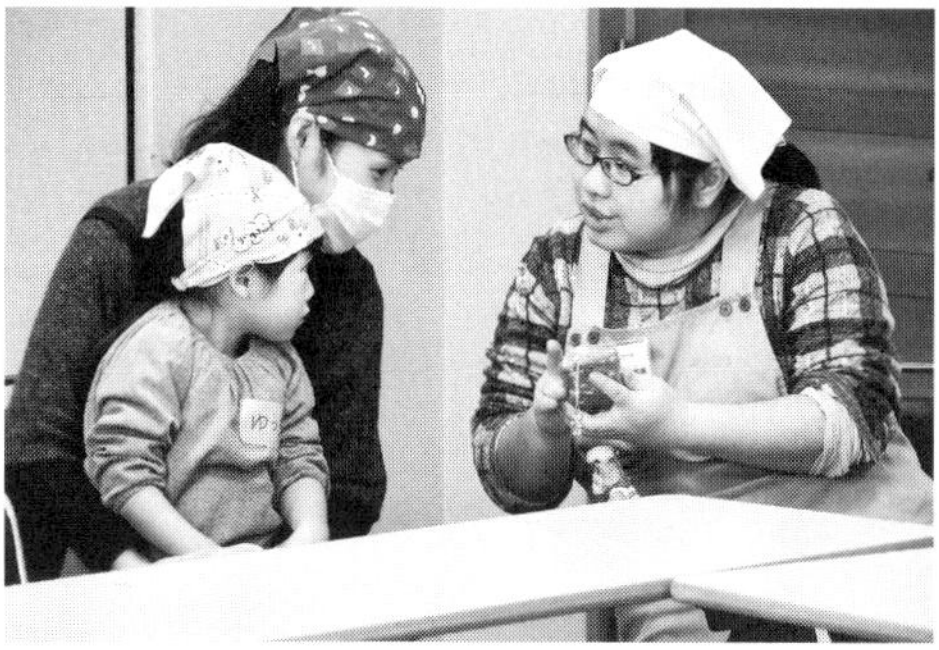

子どもたちはなんの偏見もなく、「ぷかぷか」のお兄さんやお姉さんとおつき合いし、パンを作ります。子どもたちにとっては、障がいのあるお兄さんやお姉さんではなく、パン生地を一緒にこねたお兄さんであり、メロンパンを教えてくれたお姉さんとして記憶されます。あるいは一緒に笑ったお兄さんであり、抱っこしてくれたお姉さんです。歌を歌ったお兄さんであり、絵本を読んでくれたお兄さん、いろんなお話をしてくれたお姉さん

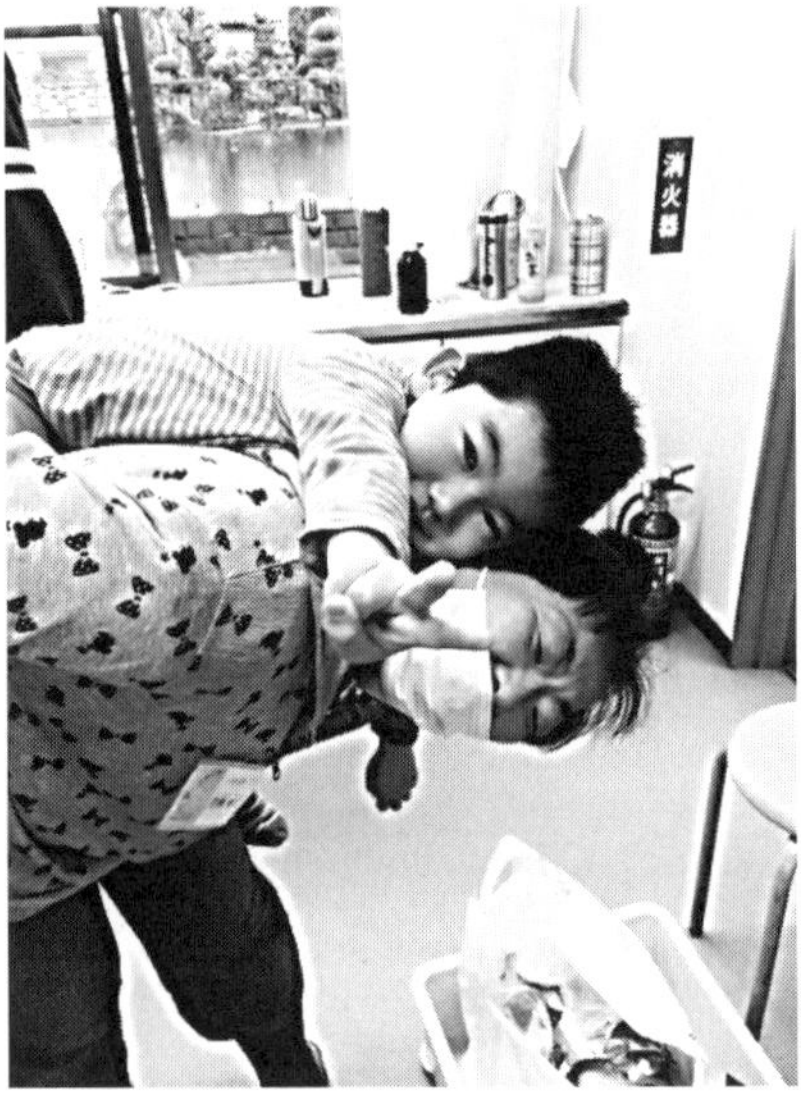
消火器

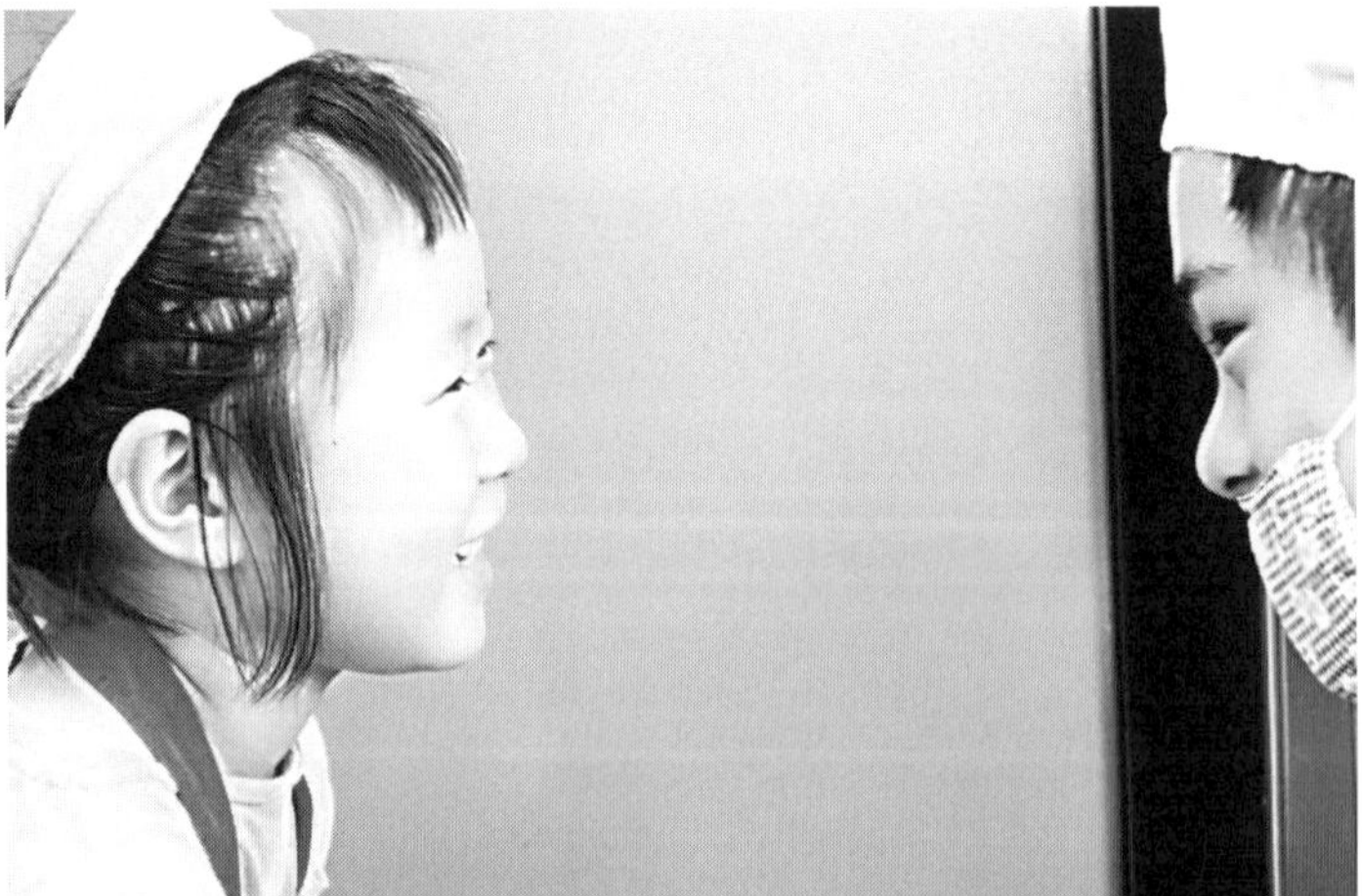

です。

子どもたちが大きくなって、社会を担うようになったとき、このパン教室での、なんの偏見もない体験が様々な形で花開くと思います。

たかがパン教室です。でも、「ぷかぷか」のパン教室は、パンと一緒にお互いが気持ちよく暮らせる未来をもつくり出しているのだと思います。そんな未来を思って、子どもたちの写真をたくさん撮ります。「未来への密やかな祈り」と言っていいようなものが写真にはこもります。写真はだから過去の単なる記録ではなく、未来への思いがびっしり詰まっています。

お店よりももっとおつき合いが広がればいいな、と思って始めたパン教室ですが、彼らのおかげで、予想をはるかに超えたたくさんの楽しいおつき合いをつくることができました。特に子どもたちとのおつき合いは「障がいのある人たちと子どもたちの交流」などという安っぽい言葉をはるかに超えた新しい関係を彼らはつくっていたと思います。

パン教室はまだまだ続きます。ここからどんなおつき合いが広がっていくのか、とても楽しみにしています。

2 『ぷかぷかしんぶん』

「ぷかぷか」は毎月『ぷかぷかしんぶん』を発行しています。各お店の宣伝と、「ぷかぷか」からのメッセージです。スタッフ

とぷかぷかさんたちが一緒に作っています。絵や文字はぷかぷかさんが主として担当しています。トップページの絵はホッとする雰囲気があっていつもとても好評です。

こんな絵を描く人は街の宝ですよ、一緒に生きていったほうがトクですよ、というメッセージです。

「お店にはいかないけれど、毎月ポストに入っているしんぶんは楽しみにしていますよ」

と声をかけられたこともあります。ああ、楽しみにしてくれている人がいるんだと思いました。しんぶんがしっかり新しいつながりをつくっていると実感しました。

A5サイズで六ページ。A4両面印刷したものを半分に折り、間にA5両面印刷したものを挟み込みます。四千部もあるので大変な作業ですが、ぷかぷかさんたちは毎月黙々とこの作業をこなします。

毎月四千部刷り、お店の周辺の団地、一戸建てにポスティングします。スタッフ一人にぷかぷかさん三、四人でチームをつくり、一週間ぐらいかけて配ります。

「ぷかぷかさんが、迷子になっていますよ」

と電話がかかってきたこともあります。「ぷかぷか」は団地の中にあって、慣れないうちは、どこを曲がってもおんなじに見えました。

今年もありがとうございました。
2018年最後のぷかぷかしんぶん
12月号をお届けします。

ぷかぷかしんぶん 12月号

東洋英和女学院大学で学生さんとぷかぷかさんですごろくワークショップをやりました。みんなで楽しいすごろくゲームをやって、お互いのいい関係を作ろうというものです。そのときの学生さんの感想がすばらしいので紹介します。

—

今日の授業はぷかぷかのみなさんが来て、明るい授業になったと思いました。一人ひとりが心からすごろくを楽しんでいて、無邪気な姿を見てとてもよい雰囲気だと感じました。日常生活を送っていると、あまり生き生きしている人を私は見ません。みんな、あれは嫌だ、これは嫌だ、面倒くさい、つまらない、だとかマイナスのことが多いと感じます。私もそういった面があります。

しかし、ぷかぷかのみなさんは、仕事が楽しい、好きな趣味がある、大好きな人がいる、得意なことがある、自分らしく、恥ずかしがらずに自由に生きているのだと思いました。私も自分らしく、一つ一つのことを楽しんで生活したいと思いました。

—

ぷかぷかさんと出会って、自分の人生を振り返る、というところがすごいと思いました。こんなすてきな出会いを寄せ集めて、みんなで子どもたちに届ける絵本を作ろうかなと思っています。

NPO法人 ぷかぷか
http://pukapuka-pan.xsrv.jp/
045-453-8511 ぷかぷかパン 検索

6.

1.

Christmas Leier Concert
クリスマス ライアー コンサート

12/24(月・祝)

14:00～ アート屋わんどにて

音楽療法士の宮沢あけみさんによるライアーの演奏会を行います。
ライアーは琴やハープのような弦楽器で、静かで優しい音色がします。
素敵なクリスマスイヴのひとときを過ごしませんか？
どなたでもお気軽にどうぞ！

第4回
演劇WS《ワークショップ》をやりました。

ぷかぷかで毎年行なっている演劇WSの記録です。
作った演劇は2019年1月27日(日)にみどりアートパークで行う「表現の市場」で発表します。今年度の題材は宮沢賢治・作『洞熊学校を卒業した三人』です。
「なんでもいいから一番になれ！」という教えのもと、どんな手を使ってでも一番になろうと張り合うクモ、ナメクジ、タヌキの三人の行く末は……？

自己紹介・みんなでタッチ
まずは緊張をほぐすあいさつから

ゆっくり競争
笑い競争
一番ゆっくりゴールした人が優勝！
一番よく笑った人が優勝！

うた
難しい曲もだんだん体の中に入ってきています♪

カメはどうやってウサギに勝った？
・ウサギに睡眠薬をのませた
・カメはこうらを取ると実は速かった

洞熊《ほらくま》学校の入学式
洞熊学校をお芝居で擬似体験で
みんな物語の中に引き込まれました。

ミツバチの踊りをつくろう
争いごとには無関心…でも自由にのびのび生きるミツバチたちも重要な登場人物です。

クモ・ナメクジ・タヌキが生き物たちをだまして食べるシーン
台本をお芝居で再現してみよう

次回WSは12/15(土)です！お楽しみに！

2.

3.

ベーカリーぷかぷか
今年もシュトーレンとパネトーネを焼きますよ〜!!
ぷかぷかのシュトーレンは、2種類のレーズンと白イチジクをブランデーとラム酒で漬け込んで、それを生地に練り込んでいます。アクセントとしてナツメグ、カルダモン、シナモンで香り付けしています。
Stollen
Pannettone
ぷかぷかのパネトーネは、2種類のレーズンを蒸すことによって本来フルーツがもっている甘みを引き出し、それを生地に練り込んでいます。ぷかぷかさんのような優しい味をぜひご堪能ください。

おかし工房にじいろ
クリスマスクッキー作ってます♪
お歳暮・お年賀ギフト承ります。
nijiiro@pukapuka.or.jp
045-923-0277

12月のおすすめ

おひさまの台所
クリスマスローストチキン
12/24(月・祝)12:00〜販売
クリスマスディナーには欠かせないローストチキンはいかがですか？　生活クラブの秋川牧園「丹精國鶏」を使用。やわらかくジューシーに焼き上げます。
骨付もも肉(約350g) 1本 ¥1,200 (フライドポテト付)
ご予約を受け付けております！(045-923-0277)
店頭での販売は売り切れ次第終了とさせていただきます。

アート屋わんど
12月のWS
自分だけの楽器を作ろう
手作りのギターとカランコロンを作ってみよう！
日時：12/8(土) 10:30〜12:00
会場：アート屋 わんど
参加費：500円（親子で800円）
※ギターを作る方は200円追加
お申し込み：045-923-0282
wando@pukapuka.or.jp

ココロはずむアート展がわんどにやってくる！
緑区近隣の福祉事業所の作家たちによる合同作品展です。ココロはずむ作品たちに出会いに来てください。
日時：12/5(水)〜21(金)
休 12/9(日)・15(土)・16(日)
会場：アート屋 わんど
※アート展のチラシの休廊日に間違いがございます。正しくは上記のとおり。

2019年のカレンダー販売します
今回は壁かけ式のA3サイズ。作家さんのイラストを大胆に使っています。

ぷかぷか農園
9月からご好意で新しく畑を使わせていただける事になりました！畑が2つになり、みんなで呼び名を決めよう！と輪になって相談しました。
もともとの畑はひょっこりモグラが顔を出す畑なので「モグラ畑」と名付けました。新しい畑はみんなで新しいことにもチャレンジしていくぞ！と気合いを入れて「冒険の畑」と名付けました。どちらの畑も大切な宝物です。
ちょうどおいしい青首大根が収穫どきです。おひさまの台所前の販売コーナーをのぞいて下さいね。

ナカタクのジョークコーナー
パロディスタジオ
東京は味噌と化した!!
大晦日
今年も12月31日が近づいてきましたね。大晦日と味噌をかけて、大晦日に「坊主型巨大不明味噌生物」が現れる!?そんな様子を絵にしてみました。

12月 DECEMBER 2018

日	月	火	水	木	金	土
						1
2	3 蒸し鶏	4 とんかつ	5 お魚	6 ポークビーンズ	7 プルコギ	8 営業日
9	10 オムライス	11 コロッケ	12 チャプチェ	13 お魚	14 肉団子	15
16	17 ホイル焼き	18 鶏肉の	19 カレー	20 餃子	21 お魚	22
23	24 ローストビーフ	25 お魚	26 チキンライス	27 ポトフ	28 親子丼	29
30	31					

パン 045-921-0506
わんど 045-923-0282
おひさま 045-923-0277
ご予約はコチラまで
ぷかぷかさんのおひるごはん 045-922-6775
ランチ ¥750
おいしいお茶もあるよ ¥250
5.

ですから、しょっちゅう迷子がでました。そんな時に「ぷかぷかさんが迷子になっていますよ」という電話が入ったのです。「ぷかぷかさん」という言い方が、すごく優しくていいと思いました。「ぷかぷか」が配っているので、とっさに「ぷかぷかさん」と思いついた言葉だと思いますが、「障害者」という言葉よりも、何百倍もいい言葉だと思います。優しい響きを感じます。

ちょっとした挨拶文から始まって、「お元気ですか？」あるいは「お変わりありませんか？」の言葉が続きます。目の前の相手に語りかける言葉。語りかけられた側は、とてもうれしい気持ちになります。そういう言葉をかけられる関係を、このしんぶんでつくってきました。

「ぷかぷか」のお店のある商店街は築三〇年を超える団地にあって、高齢化が進み、閑散としています。そんな中で『ぷかぷかしんぶん』は少しずつ読者を増やし、お客さんを増やしてきました。ホームページ、Ｆａｃｂｏｏｋページもやっていますが、地元のお客さんは、やはりしんぶんを見て来る方が多いようです。

『ぷかぷかしんぶん』はお店の活動を直に地域の人たちに伝えます。しんぶんで障がいのある人たちの働くお店を知り、彼らとお友達になり、彼らのことを好きになった方もいます。ですからＡ５判の小さなしんぶんは、街を耕す、という大変な仕事をやっているのです。たかがしんぶん、されどしんぶん、なのです。

しんぶんはお店とは違う新しいつながりを街の中でつくってくれたと思っています。しんぶんは現在九六号、配布した部数は三〇万部を超えます。

『ぷかぷかしんぶん』はまだ続きます。これからどんなつながりをつくってくれるのか、楽しみにしています。

3　ありがとうカード

「ぷかぷか」では、お店に来ていただいたお客さんに、ありがとうの気持ちをこめて「ありがとうカード」を渡しています。ぷかぷかさんたちが一枚一枚気持ちをこめて描いたカードです。初めはお礼のつもりで渡していたのですが、単なる「お礼」を超えて、カードが新しいつながりをつくってくれている気がしています。

一〇枚集めるとラスク（今は、クッキーやお総菜、紅茶や缶バッチになっています）がもらえます。でも手放すのが惜しくて、一〇枚確認しラスクを渡したあと、はんこだけ押して返す人もかなりいます。

五周年のとき、アート屋わんどの壁一面に貼り出しました。一枚一枚あらためてみると、描い

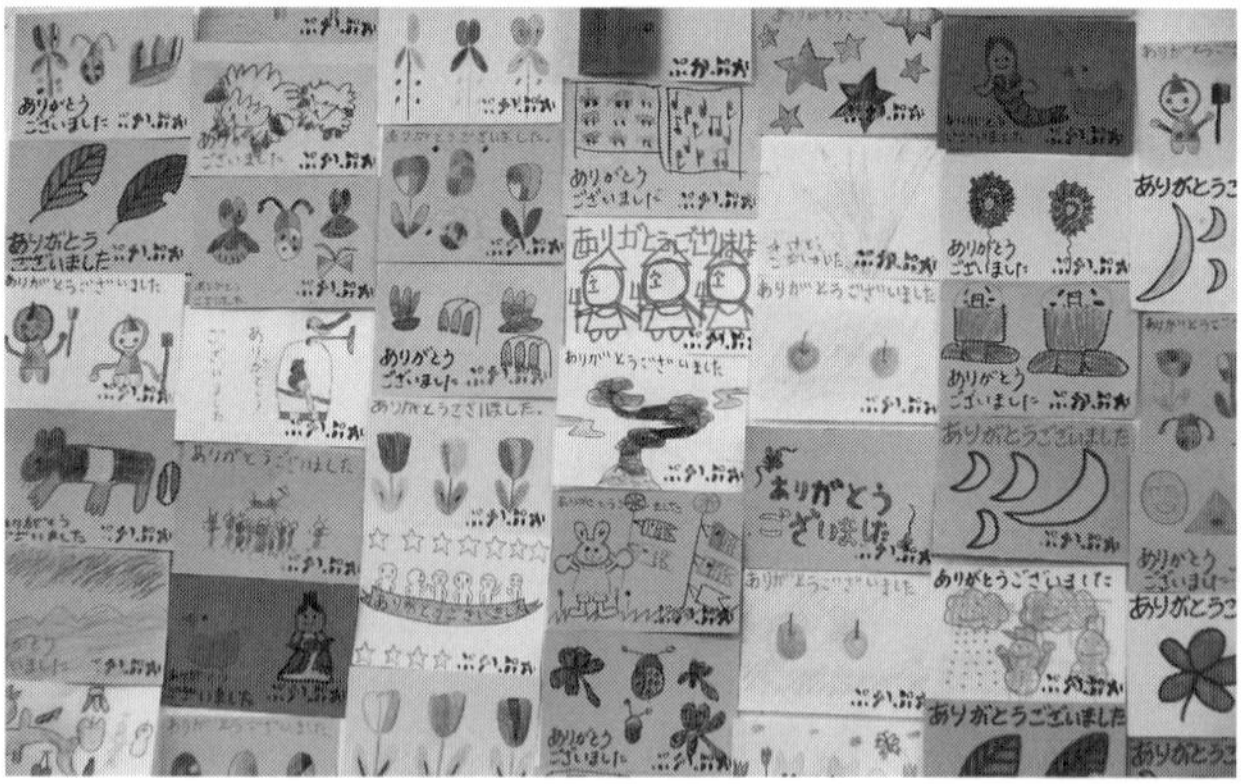

た人の思いが伝わってきて、なんだかジ～ンときます。
パン屋、カフェ、おひさまの台所に来るお客さんは、毎日全部で百人くらいになります。一人一枚ずつ渡すと、一〇日で一千枚、一カ月でだいたい二千枚ちょっと、一年間で約二万四千枚のありがとうカードが地域の方に配られることになります。八年間で二〇万枚近いカードが配られ

たことになり、二〇万個のありがとうの思いが届いたことになります。「ありがとう」のつぶやきが二〇万回です。印刷ではなく、一枚一枚手描きのカードが二〇万枚です。これって、なんかすごいじゃないかと思いました。

一枚一枚は小さなありがとうカードですが、これがでも、二〇万枚集まるとすごいメッセージになります。「ぷかぷか」八周年にあんなに人が集まったのも、このありがとうの思いが届いたせいかと思ったりしています。

ありがとうカードは小さなカードですが、小さいなりに今までにない広がりをつくってくれています。今まで二度ほど近所の子どもが自分でありがとうカードを作って持ってきてくれました。

その一人を紹介します。

《五歳の次男坊、海慈がおもしろいものを作っていました。海慈は、ぷかぷかさんからいただくありがとうカードが大好き。お買い物に行くと、あの絵がいい！　やっぱりこっちがいい！と散々迷った末に、たくさんのカードの中から選ばせていただいています。

帰宅すると、メンバーさんが描いている味わいある絵をじっくり見ながらありがとうカードを引き出しにしまいます。これは僕がもらったもの、これはお母さんがもらったもの、これはお兄ちゃんがもらったもの……。いつまでも覚えています。いつしか、我が家ではありがとうカードを引き出しにしまうのは海慈の仕事になりました。

そんな彼が先日、大量の折り紙をはさみで切っていました。くりかえしくりかえし、随分長い時間をかけて四つ切りにしています。見守っているとこんどは、一枚一枚絵を描き始めました。これもまたじっくりと長い時間をかけて描いているのです。いつもはさらさらと描いては私に見せてくれるので、何かとても集中しているなあ……と私も興味津々。ざっと数えてみると一〇〇枚近くあります。しびれを切らして『何を作っているの?』って尋ねてみました。そうしたら

『ありがとうカードだよ』『僕が、ありがとう! って渡すの』

ああ!!! なるほど! やっと繋がりました!

もしかしたら、ぷかぷかさんでのお買い物の時に、海慈からのありがとうカードがプレゼントされるかもしれません。その時は、どうぞもらってあげてください。いつもぷかぷかのみなさんからのあたたかい「ありがとう」をいただいています。

豊かな地域に暮らせることに感謝しています。》

今日もたくさんのありがとうカードが生まれ、たくさんのつながりをつくっています。

4 子どもたちにオペラをプレゼント

「ぷかぷか」はパン屋ですが、地域の子どもたちにオペラをプレゼントしたことがありました。オペラはもちろん本物のオペラです。一ステージ八〇万円もするオペラです。

どうしてパン屋が子どもたちにオペラをプレゼントしたりするのか。その理由をあれこれ詮索するよりも、オペラをプレゼントする変なパン屋が街の中に一軒くらいあってもいいな、と思えば世の中楽しくなるような気がします。

オペラシアターこんにゃく座のオペラ『ロはロボットのロ』はパン作りの好きなロボットを主人公にした子ども向けのオペラです。「ぷかぷか」のお店を始める前、もうけが出たら、そのお金

で地域の子どもたちに、このオペラをプレゼントしたいと思っていました。お菓子やおもちゃをプレゼントするのではありません。オペラというひとときの夢の世界をプレゼントしようというわけです。わくわくする夢のような時間をプレゼントしたいと思ったのです。お菓子やおもちゃよりもはるかに夢のある豊かな世界です。

でも、この演目はかなり古いもので、再演の予定はない、ということをオペラシアターこんにゃく座から聞いていました。ですからオペラを子どもたちにプレゼントする企画はほとんどあきらめていたのですが、たまたま俳優座でこんにゃく座のオペラを見たとき、いただいたチラシの中に一年だけ再演する、というお知らせを見つけました。すぐに事務局の人のところへ行き、公演をやりたい旨伝えました。

普通こういう時はまず公演の値段を聞いてから話をするものですが、とにかくこのチャンスを逃したら、多分もうできないだろうと思い、値段を聞く前に手を挙げてしまいました。手を挙げてから、

「ところでこのオペラっていくらするの？」

と、間の抜けたような質問をしました。

「八〇万円です」

一ステージが八〇万円です。決して安くはない金額です。これが一千万円なら、すぐに手を引いたと思うのですが、八〇万円なら頑張ればなんとかなるくらいの実現可能な夢に思えました。一万円寄付する人が八〇人集まればできるのです。体がカ～ッと熱くなりながら「やります、絶対にやります」と言ったのでした。

さっそく何人かの知り合いに声をかけました。いいじゃん、いいじゃん、夢があってすばらしい、

と言っていましたが、肝心なお金はなかなか集まりませんでした。店頭に寄付箱を置き、「キフ子さん」というキャラクターの絵を毎日描いてアピールしました。寄付金付きコーヒー千円というのもやりました。寄付金付きチケットも出しました。ブログを二七本も書きました。それでも寄付はなかなか集まりませんでした。

お金がないなか、オペラに親しんでもらうためにオペラの舞台に立つ歌役者さんに来てもらってぷかぷかさんと地域の人たちで「歌のワークショップ」をやりました。

ちょっとした挨拶、自己紹介を歌でやってみる、というのをやりました。たいていの人は下手だからとか音痴だからと尻込みしてしまうのですが、ぷかぷかさんたちは尻込みどころか、もう目一杯元気に歌っていました。

この辺りがぷかぷかさんたちのいいところというか、自由なところだと思います。

ウォーミングアップで普通の会話をオペラ風にやる、というのをやりました。コンノさん、エリさん、さらちゃん、リエさんグループでは、コンノさんが、

「♪ちびまる子ちゃんがこうしたらどうなるの?」と聞き、エリさんがリエさんに「♪どうなるの?」と聞き、リエさんが、「♪こうなるの」と答えるのですが、コンノさんの質問がいつものように「こうしたらどうなるの?」「ああしたらどうなるの?」と永遠に終わらない感じで、リエさんもその質問になんとか答え続け、みんないつ終わるんだろうかとハラハラ心配しました。

参加した人の感想にはこんなことが書いてありました。

《創作オペラのワークショップでは、即興で何が起こるか分からない中、人前に堂々と立てる皆さんの勇気と、自由な創造力が素晴らしいと思いました。

私は人前に立つのも、即興で何かするのも苦手で、昨日は内容がまとまらない中、一緒にやっていたテラちゃんが「やる！」と言って前に出ていくと、もう頭が真っ白でした。

自分はまだまだだと思い知らされつつ、この固い頭がもっと自由になれるよう、このようなワークショップに今後も挑戦したいと思いました。》

結局こういう場では、彼らの表現力が圧倒的に力をもっていることがよくわかります。その表現力と謙虚に向き合うところから彼らとのおつき合いが始まるのだと思います。彼らはできない人たち、だとか、自分のほうができる、と思っている限り、私たちは救われないし、「ソン！」です。いつも言うように、彼らとおつき合いしたほうが、絶対に「トク」なのです。「トク」というのは、人生が豊かになる、ということです。

お客さんとぷかぷかさんという関係ではない、もっと豊かな関係がここではできた気がしています。

そして公演の日。三百人入るホールがほぼ満席。約三分の二が子どもで、なんとも賑やかな公演でした。その賑やかな子どもたちがオペラが始まるとし～んと静まり、歌が子どもたちの心に届いているのがよくわかりました。公演の後、歌役者さんたちと握手会をやったのですが、子ど

もたちのはち切れんばかりの嬉しそうな顔にもう涙が出そうでした。

見た人の感想の一部

・とても楽しくて、たくさん笑いました。
・とってもおもしろかったたし、泣けました。
・サイコーによかった。見応えがあった。
・子ども向けのオペラだと思ってさいしょそんなキタイしてなかったが、とてもよかった。
・すばらしい舞台でした！　わらってないて……子どもたちもこわいシーン（？）で大泣きしたわりにでたがらず、最後まで見切ることができました。子どもをつれてオペラをみるなんて、なんてすごいことをしてくださったのか……ありがとうございます！
・親子とも初オペラでした。テトのパンが食べたくなり母はおなかもすきました。息子は最初緊張して見ていましたが、最後は身を乗り出して見ていました。人間も生まれかわれると良いですね。

・客席から演者が出てきたり飽きることなく楽しめました。こんにゃく座のオペラに出会えてよかったです。ありがとうございました。

・やはり、生のプロの歌・演技は迫力がありますね。オペラはテレビでは見たことがありますが、贅沢でもあり、生で見たことはありませんでした。気軽に楽しくオペラを見る機会になり、嬉しく思っています。息子は帰りにテトと握手出来ました。

これからも、大好きな「ぷかぷか」のパンを楽しみにしております。

オペラをやることで今までにない新しいつながりができました。パン屋をやっているだけではできないつながりです。つながりそのものに豊かな幅ができた気がしています。とにかく本物のオペラを通してできたつながりですから。

第七章　障がいのある人たちと一緒に新しい文化をつくる

ぷかぷかさんと地域の人たちで演劇ワークショップ（芝居づくり）をやっています。月一回土曜日に集まって芝居づくりをやり、六カ月かけてつくった芝居をみどりアートパークのホールで発表します。

障がいのある人たちと演劇ワークショップをやると、とんでもなく楽しい場が出現します。その楽しさのまっただ中にいると、障がいのある人に向かって「あなたが必要」「あなたにいて欲しい」と素直に思えます。共生社会を目指すとか、共に生きる社会を目指す、といった抽象的な話ではなく、一緒に芝居をつくっていくなかで、リアルに「あなたが必要」「あなたにいて欲しい」と思えるのです。

障がいのある人たちを排除する空気が蔓延する社会にあって、「あなたが必要」「あなたにいて欲しい」と素直に思える関係が自然にできてしまう場はとても貴重です。彼らを排除する文化に対して、彼らを排除しない、彼らとどこまでも一緒に生きていく新しい文化がここから生まれる気がしています。

1　識字教育としての演劇ワークショップ

演劇ワークショップというのはフィリピンや中南米での識字教育から始まりました。文字を知らない人たちに、たとえば、働いても働いても生活が豊かになっていかない理由、社会の仕組みを、文字を使った説明ではなく、一緒に芝居をつくっていくなかでみんなで学んでいくのです。そういったなかでできてきたのが演劇ワークショップの手法です。

仲間と一緒にフィリピンのネグロス島でワークショップをやったことがあります。その時訪れたスラム街の教会で地元のお母さんたちが芝居をつくっていました。当時の社会状況を舞台で表現していました。ベニグノ・アキノ氏が空港で暗殺され、その妻コリー・アキノ氏が大統領になって何年かたった頃です。(ワークショップに行ったのは一九八七年。)

舞台の片側に民衆がいます。反対側にアメリカがいます。さてコリーはどっちについているでしょう、と進行役がお母さんたちに聞いています。赤ちゃんを抱っこしながらお母さんたちがいろいろ意見を言い合っていました。あっちじゃないか、こっちじゃないか、どうしてあっちなのか、どうしてこっちなのか、とみんなが意見を言い合いながら舞台をつくっていきます。一番前で見ていた私にも意見を求められました。私は民衆の側にいるのではないか、と答えたのですが、ほとんどのお母さんたちはアメリカ側だと言っていました。コリー・アキノ氏も最初は民衆の側についていたようですが、何年かたって、だんだん立ち位置が変わっていったようで、教会で芝居をやっていた頃はアメリカの側についていて、民衆の敵だったようです。そういった社会的状況を芝居をやっていくなかでお母さんたちは学んでいました。

もうびっくりしました。文字を知らない人たちが今の社会的状況を、文字を知っている私よりもはるかによく理解しているのです。演劇ワークショップの手法はそういった厳しい社会的状況の中で生まれたんだということを、その教会で赤ちゃんを抱っこしたお母さんたちに教わりました。

2　障がいのある人たちと一緒に演劇ワークショップ

そんな演劇ワークショップが日本に入ってきたのは一九八〇年代の初めです。識字教育というよりも、あくまでも新しい芝居づくりの手法として入ってきました。

演劇ワークショップは演出家が決めたとおりにやる芝居ではなく、みんなで「あーだ」「こーだ」と言いながらつくっていくというやり方です。みんなでつくっていく作業（話をしたり、演じたり、考えたり）のなかで、新しいいろんなことの気づきがあります。一緒に芝居をつくっていくなかで、人と人とが、ふだんよりももっと面白い形で出会えることがとても新鮮でした。

「あなたにいて欲しい」「あなたが必要」

演劇ワークショップはふつうの人たちだけでやっても、ものすごく楽しいです。そこに障がいのある人たちが加わると、楽しさが倍くらいになるのではないか、彼らと今までにない新しい出会いがあるのではないか、その出会いは、障がいのある人たちと一緒に生きていく理由を更に明確にするのではないか、といったことを考えたのです。

養護学校で教員をしていたとき、演劇ワークショップの手法を先駆的に取り入れていた黒テントの事務所に相談に行きました。どうして障がいのある人たちとワークショップをやるのか、何度も何度も説明しました。今ひとつ納得できない雰囲気でしたが、それでも何度か事務所に通ううちに、根負けしてか、とにかくやってみようということになりました。一九八五年、おそらく日本で初めて、養護学校の生徒たちと地域の人たちが一緒に演劇ワークショップを始めることになったのです。

黒テント自身が演劇ワークショップの手法をまだ十分使いこなせてない段階で、最初の頃は長い時間をかけてつくってきたプログラムが全く通用しないこともあって（「なんだつまんねーじゃん、おれ帰る」と言い出す生徒もいました）、本当に大変でした。でも、そういった苦労があったおかげで、手法として鍛えられただけでなく、障がいのある人たちとのすばらしい出会いがありました。

地域の人たちは、最初、障がいのある人たちのために、という思いで集まっていました。黒テントの人たちも同じです。私自身もそうでした。障がいのある人たちのために……と。

ところが何回かやっていくうちに、支えられているのは自分たちのほうだということに気がつきました。演劇ワークショップの場の面白さを支えているのは、彼らの存在感であり、表現力でした。そんな彼らに会いたくて、一緒にワークショップがやりたくて、みんな集まってくるのです。そのことに気がついてから、地域の人たちも、進行役で来ていた黒テントの人たちも、私自身も、彼らとの関係を見直すことになったのです。

彼らに対し「あなたにここにいて欲しい」「ここはあなたが必要」としみじみ思えるようになったのはこの頃からです。彼らがいないとワークショップの場が成り立たないほどの存在に彼らはなっていたのです。

あれができない、これができないと社会から排除されてきた障がいのある人たちに向かって、「あなたにいて欲しい」「あなたが必要」と、素直に思えるようになったこと、これは大変な出来事だったと思います。

「障がい者と共に生きよう」とか、「共生社会を目指そう」なんて、ちっとも考えていないところで、「あなたにいて欲しい」「あなたが必要」と、素直に思えるようになったのです。演劇ワークショップは、そんなすばらしい関係をさしたる苦労もなくつくってしまったのです。

海のぬいぐるみ

こんなおもしろいことがありました。

ぬいぐるみを作って、それを手がかりに芝居をつくったときのことです。自分の好きなものの表と裏の絵を模造紙に描き、間に新聞紙を丸めたものを挟み込んで、まわりをホッチキスで留めると、ひと抱えくらいある紙の大きなぬいぐるみができます。ぬいぐるみというと、大概の人は丸っこいくまのプーさんみたいなものを考えます。ところがその時参加した養護学校の生徒の一人は「海のぬいぐるみ」を作ったのです。「海のぬいぐるみ」なんて、普通は思いつきません。それをくまのプーさんのぬいぐるみを作るのとほとんど同じ感覚で、

「オレ、海のぬいぐるみ作るよ」

なんて言ったのです。

「え〜！　海のぬいぐるみ？」

と、彼の発想のとんでもない自由さに、もうびっくりしました。

「海のぬいぐるみ」なんてどうやって作るの？　海のどこをどう切り取るの？　と、私は海のぬいぐるみのイメージがなかなかつかめません。ところが本人はなんの迷いもなく、模造紙二枚に波の線を描き、それを張り合わせてチャッチャッチャッと作ってしまいました。その海のぬいぐるみを抱え、ザザザザ〜ン、ザザザザ〜ンと行ったり来たりしながら海岸のシーンをつくったのでした。その発想力、実行力に本当に驚きました。

時代が追いついた

こういう人たちと一緒に芝居をつくるわけですから、今までにない面白い芝居ができるのです。

普通の人たちだけでつくる芝居よりも、発想の違う人たちがいる分、でき上がってくる芝居の幅が広がり、より豊かなものができ上がります。この豊かさこそが、障がいのある人たちと一緒に芝居をつくる一番の理由です。一緒に生きる理由です。

この豊かさは、障がいのある人たちと一緒に創り出す新しい「文化」と言っていいと思います。蔑みの目線で彼らを社会から排除する文化に対して、障がいのある人たちと一緒に生きていくと社会が豊かになると主張する「文化」です。

彼らと一緒にやると楽しい、というところで出発した演劇ワークショップでしたが、二年目に入った頃から、彼らと一緒にやる演劇ワークショップは、社会を豊かにする新しい文化を生み出しているのではないか、と思い始めたのです。そしてそのことを私はあちこちでしゃべっていたのですが、振り向く人は誰もいませんでした。「障がいのある人たちと新しい文化をつくるなんて、そんなの言いすぎだよ」という雰囲気でした。一九八〇年代半ばの頃です。

私の言っていることにちゃんと振り向く人たちが現れたのは、なんとあれから三十年ほどたった二〇一五年のことでした。「ぷかぷか」を始めて五年目、どうにか運営も落ち着いて、「ぷかぷか」で働く障がいのある人たちと地域の人たちで、あらためて演劇ワークショップを始めました。その演劇ワークショップに対して、読売光と愛の事業団が「読売福祉文化賞」をくれたのです。「新しいカルチャーを生み出し得る創造的作業」と評価してくれたのです。なんと百万円ももらいました。時代が変わった、というか、時代が追いついた、ということかもしれません。

3　第一期みんなでワークショップ
——『森は生きている』ぷかぷか版

人形に魂を入れるのがむつかしかった

第一期みんなでワークショップは、オペラシアターこんにゃく座のオペラ『森は生きている』をベースに芝居をつくっていきました。林光さん作曲の歌が素晴らしいのと、作品のメッセージが「ぷかぷか」が自然についてイメージしていることと重なっていたからです。

オペラ『森は生きている』で歌われている歌をたくさん歌いました。ふだんの暮らしの中で、歌を気持ちよく歌うなんてことはほとんどないので、とても新鮮な気持ちで歌いました。歌うことで体と心がどんどん自由になっていきました。林光さん作曲の歌は人を元気にします。

『森は生きている』には一二月《じゅうにつき》の神様が登場します。その神様の人形をデフパペットシアターひとみ（ろう者と聴者が一緒になって人形劇をつくり、公演活動を行っているプロの劇団）の人たちに手伝ってもらいながら作りました。

直径一五ミリの丸棒に新聞紙を丸めて芯にした頭をつけ、自分の好きな布を巻き付けて人形を作っていきます。いろんな布があって、その中から自分の好きな色、柄の布を選んで人形を作る作業は、ふだんの仕事にはない楽しさがあって、ぷかぷかさんたちにとっては、新鮮な体験だったようです。

「人形に魂を入れるのがむつかしかった」

と言った方がいましたが、人形に込めた思いがよくわかりました。人形を横たえるとき、まるで赤ん坊を横たえるように丁寧に丁寧に横たえていました。

でき上がった人形を手に持ってお披露目するとき、デフパペットシアターの方が、

「人形の口から息を吸い込むように息をしましょう」

と言っていましたが、人形と一体化するというのはそういうことかと思いました。

人形と一緒に楽しそうに歩いたり、悲しそうに歩いたり、怒って歩いたり。ジュンベの音で支えてもらいました。

手話で「もえろ　もえろ」

デフパペットシアターのメンバー、エノさん、マッキーによる手話のレッスンがありました。一二月の歌の最後のフレーズ「もえろ　もえろ　あかるくもえろ」の部分を手話でやりました。「きえないように　どんどんもえろ」と気持ちが膨らんでいくのを、デフパペットシアターのエノさんは身振りで実にうまく表現していて、ろうの人たちの表現の豊かさにぞくぞくしました。

もえろ　もえろ……とだんだんテンションが上がっていく様子を手で表現するのです。ただ歌うだけよりも、体全体が熱くなりました。体が熱くなると、気持ちも熱くなります。

その延長で、たき火のまわりに神様たちが集まっているシーンをつくりました。手話のレッス

ンで体も気持ちも熱くなっていましたから、ものすごい盛り上がりでした。こういう盛り上がりがワークショップのもっているパワーです。

「みんな、悪意がないんだよね」

『森は生きている』は、冬のさなかに春に咲くマツユキソウが欲しい、と言い出したわがままな女王をめぐっての物語です。季節ごとに神様たちが集まり、森にやってきたわがままな女王たち

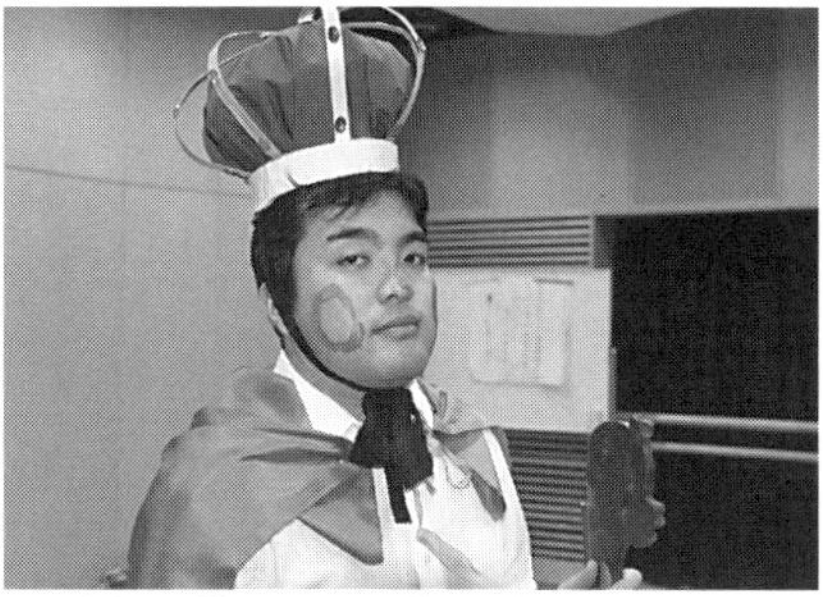

わがままな王様はちょっと間抜けな感じ

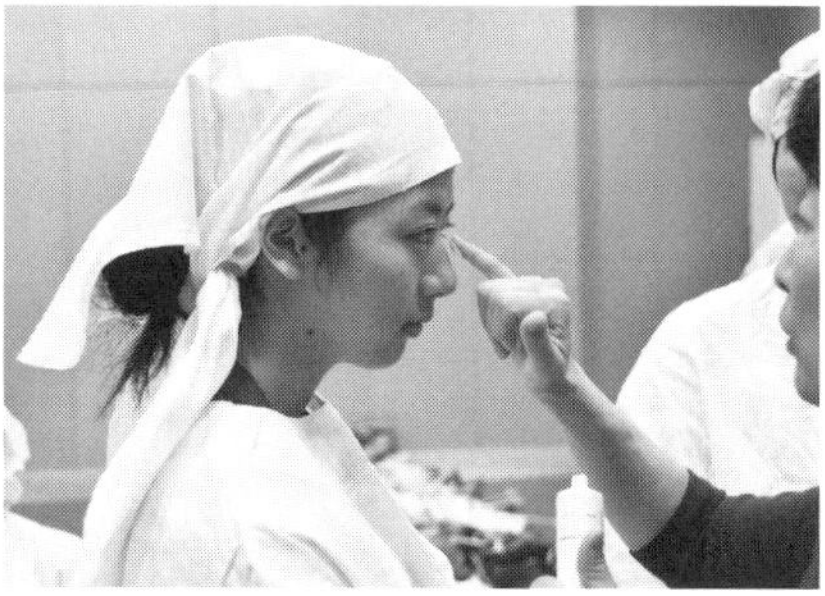

第六回目のワークショップ。リハーサルルームで、歌の稽古と通し稽古をやったあと、衣装を着て実際に舞台でリハーサルをしました。衣装を着て、鼻の頭に白いドーランを塗ると、一挙にテンションがアップしました。

をどうやってやっつけるかという作戦を練ってもらいました。いろんなアイデアが出ましたが、いまいちぱっとしないというか、「やっつける」という気持ちがはっきりしないのです。

『森は生きている』の物語をなぞってみようと、みんなで簡単な芝居をやったときは、わがままな王様をやったコンノさんは、娘からマツユキソウのありかを聞き出すために、娘が大事にしている指輪を取り上げてしまいます。

娘が、

「大切な指輪なので返してください」

と言います。ふつうならマツユキソウのありかを聞き出すまで絶対に返さないのですが、

「いいよ」

と簡単に返してしまいました。みんな「え〜?!」と驚いてしまいました。せっかく取り上げたのに、そんなに簡単に返しちゃうの？　と思ったのです。人がよすぎると思いました。

そのことについて、ワークショップのあとの反省会で、ピアニストのあみちゃんが

「みんな、悪意がないんだよね」

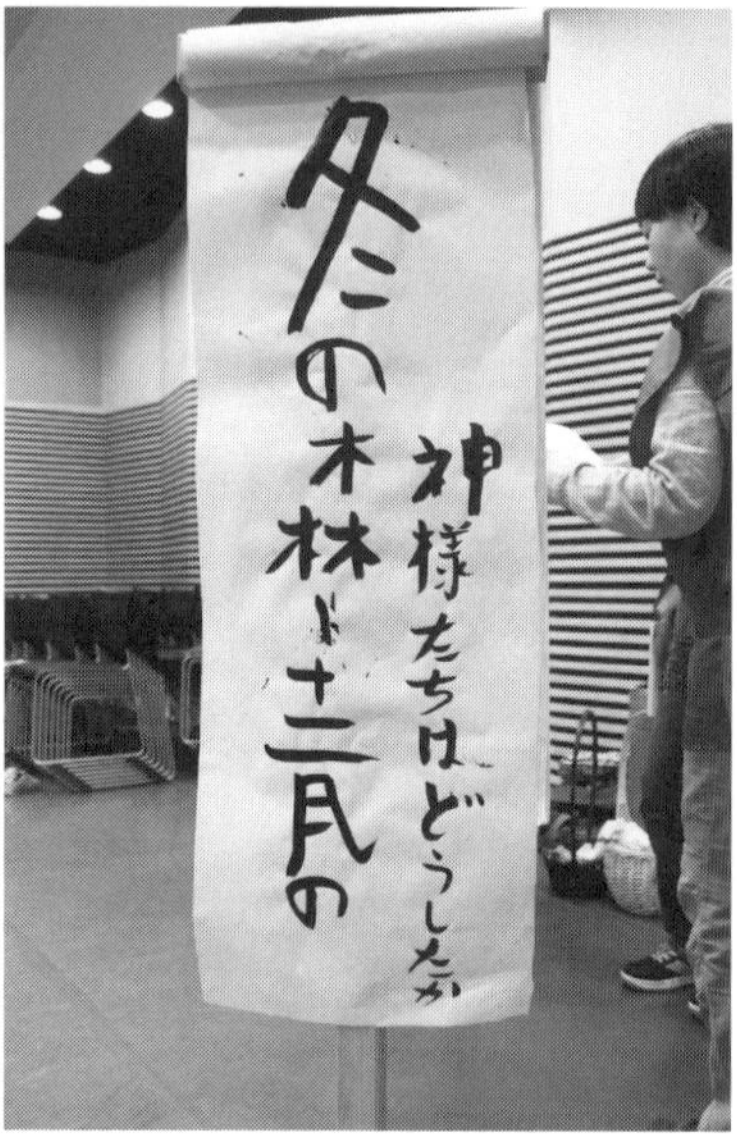

王様役のコンノさんが書いためくりの文字。なんとも味のある字です。

本番の舞台、年に一度の神様たちのお祭り。

と、ぼそっと言いました。だから「わがままな女王をやっつける」とか「娘に嫌がらせをする」などという、いわば悪意の上に成り立つ物語がつくりにくいのではないか、と言うのです。人を困らせるために、その人が大切にしている物を取り上げ、絶対に返さない、といった悪意ある発想が、やっぱりないんだと思いました。

ふだん彼らと接する機会のないあみちゃんの新鮮な感想は、彼らの本質を突いていると思いました。

「このわがままな人間たちをどうしたらいいでしょうか？」

今回一番苦労したのが、わがままな人間たちを最終的にどうするか、でした。原作では神様たちが冬の森に閉じ込めてしまいます。「ぷかぷか」としてはどうするのか。

薪と一緒にたき火の中で燃やしてしまう、アイスクリームにして食べちゃう、『森は生きている』の歌詞を朗読させ、その意味をしっかり考えさせる等々、いろんな意見が出ましたが、なかな

自分勝手なことを言い続け、神様たちに懲らしめられる人間たち。

自分勝手な人間たちも入れ、みんなで『森は生きている』を歌うフィナーレ。

かみんなが納得できる結論が出てきませんでした。

神様たちのお仕置きを受け、情けない顔をする人間たちをどうするか。かなり時間をかけていろんな人に意見を言ってもらいましたが、結局、考え方の違う人間たちとも一緒に生きていこうよ、ということになりました。

会場のお客さんたちに一二月の神様が、

「このわがままな人間たちをどうしたらいいでしょうか？」

と聞きます。

その問いを放ったあと、フィナーレの歌が始まります。神様たちが、うずくまっている人間たちの肩を優しくたたきます。そして言います。

「一緒に　歌おう」

人間たちはゆっくりと立ちあがり、神様たちと一緒に「森は生きている」を歌います。これが私たちのメッセージです。

障がいのある人たちと一緒に生きていこうよ、というメッセージを出し続けている「ぷかぷか」らしい結論といえば結論です。でも、これをみんなで長い時間かけた話し合いの中で出したことがすばらしかったと思います。

げんさん、タケちゃん、じゅんちゃん

この舞台に立った地域のおじさんこと「げんさん」は、

《明日からまた「自称、何の変哲もない普通の会社員」の日常に戻る私です》

と、ちょっとさびしそうにメールを送ってきました。げんさんにとって、ワークショップ、とりわけ最後の舞台は、本当に夢のような世界だったんだろうと思います。

普通の会社員であるげんさんにとっては、ワークショップに参加するとか、大きなホールの舞台に立つ、といったことは、想像することもむつかしい世界だったと思います。それがひょんなことからワークショップに参加し、その面白さにのめり込み、気がついたら、照明がバチッと当たり、たくさんのお客さんが見ている舞台に立っていた、というわけです。

げんさんにはタケちゃんという子どもがいます。タケちゃんには知的障がいがあります。その障がいがうまく受け止められなくて、いろいろ悩んでいると聞きました。

「ぷかぷか」のパンをよく買いに来る近所の方だったので、タケちゃんと一緒にワークショップに来ませんか、と誘ってみました。毎回タケちゃん、お父さん、お母さんの三人で参加しました。タケちゃんは活発な子どもで、いつも真っ先に発言し、その意表を突いた言葉に、みんなどぎまぎし、爆笑しました。

コミュニケーションゲームで好きな季節や、好きなお菓子ごとに分かれたりするゲームをしたことがあります。タケちゃんが進行役をやったときは、「げんさん」「じゅんちゃん」「ぱっつん」「あみちゃん」のうち、一番好きな人は？　という質問をしました。「げんさん」は自分のお父さん、「じゅんちゃん」はお母さん、「ぱっつん」は進行役、「あみちゃん」はピアニストです。

この質問の面白さは群を抜いていました。自分のお父さん、お母さんも含めて、「一番好きな人は？」という質問は、好きなお菓子を選ぶのとは違う緊張感みたいなものもあって、爆笑しながらもちょっと困ったりもしました。お父さんの目の前で、「一番好きな人としてお母さんを選んだりすると、ややこしいことになるんじゃないか」なんてチラッと考えたりしたのです。

こんなふうにタケちゃんがいたからこそできた思ってもみない楽しいことが、今回のワークショップの中ではたくさんありました。げんさんとタケちゃんはとても大切な存在であることが、回を重ねるにつれ、げんさんにも伝わっていったようです。げんさん一家の食卓で、ワークショップのことが毎日のように話題になったと聞きました。

本番前日の舞台リハーサルの前、鼻に白いドーランを塗ったとたん、タケちゃんは大爆発。お父さん、お母さんで必死になだめること三〇分、ようやく舞台に上がったものの、途中で「やだ！」とか言い出し、舞台の上でひっくり返ってしまいました。

冬の森のシーン。みんなで凍った木々を表現しています。真ん中でタケちゃんが「やだ！」と寝転がっています。ま、そういう形の木もあっていいんじゃないか、とそのまま続行。このあたりがいかにも「ぷかぷか」らしい舞台です。

まーさんの物語

まーさんは「ぷかぷか」で働いています。鬱病をもった方です。いつも暗い顔して「人生、楽しいことなんかない」「死にたい」「死にたい」と言っていました。

それがある日

「デフパペのマッキーのパフォーマンスがかっこよかった」

と、ぽろっと言ったことがありました。「ぷかぷか」の四周年のイベントでデフパペットシアターひとみの人にきてもらってパフォーマンスをやってもらったことがあって、それがかっこよかったと言うのです。初めてと言っていいくらいの前向きの言葉でした。そのあこがれのマッキーがワークショップに来るので、まーさんを誘いました。

まーさんはマッキーと一緒に人形を作りました。作りながらいろいろお話をし、稽古場に遊びに来たら、と誘われました。

七月十七日、夏のまっただ中、汗だくになりながら電車、バスを乗り継いでデフパペットシアターの稽古場まで行きました。

「生きてて楽しいことなんかない」

と言うまーさんにとっては、汗だくになってでも出かけたいところがあった、というのは大変な出来事でした。

『森と夜と世界の果てへの旅』の稽古をやっていました。すぐそばで見るとすごい迫力で、まーさんも初めて見る舞台稽古のびりびり響くような迫力にびっくりしたようでした。

八月に長野県の飯田でデフパペットシアターの舞台に立つワークショップの企画がありました。ワークショップをやったあと、デフパペットシアターの舞台に一緒に立つというすごい企画です。

「まーさん、飯田に行こう！」

と、大きな声で誘いました。まーさんはにたにた笑っているだけでした。でも、まーさんのこれからの人生がかかっている気がして、なんとしてもまーさんを飯田まで連れて行きたいと思いました。

一時間ほど見て、そろそろ引き上げようかなと思っていると、マッキーがまーさんを舞台に呼び、本番で使う人形を持たせてくれました。マッキーはどうやったら人形が生きてくるのか、丁寧にアドバイスしていました。マッキーに手伝ってもらって実際に人形も動かしました。

これが効いたのかどうか、一週間後、

「飯田まで行くのにいくらぐらいかかりますか？」

と聞いてきました。

新幹線とローカル線を乗り継いで飯田まで片道四時間、交通費は往復で一万八千円くらいかかります。まーさんにとっては大変な額です。それでも「いいです、それで行きます」と言ったのです。

いつも暗い話ばかりで、毎週のように、

「もう仕事やめます」「なんの希望もないので、もう死にます」

と言っていたまーさんが、一万八千円も払って、四時間もかけて長野の飯田まで行くと言い出したのです。

飯田でのワークショップはひたすら歩く練習でした。『森と夜と世界の果てへの旅』のラストシーンで、倒れ込んだ主人公ジュジュマンと一緒に再生に向けてアフリカの太鼓のリズムで歩くのです。舞台の後ろで横たわっているところから始まって、ジュジュマンと一緒に歩き、お客さんに挨拶して終わるまで、時間にしてわずか一分二〇秒です。その一分二〇秒のシーンをつくるために三時間のワークショップがありました。そしてその一分二〇秒の舞台に立つために、まーさんは次の週、本番のために、また四時間もかけて飯田まで出かけたのでした。

今まで何度も、

「もうなんの希望もありません、生きててもつまらないので、もう死にます」

と言っていたまーさんが、まさかここまで来るとは思ってもみませんでした。ワークショップのもつ力というのは本当にすごいと思いました。

そして一週間後の本番の舞台。前日は緊張のあまりほとんど眠れなかったと言っていましたが、振り付け師によるリハーサルのあと、いよいよ本番。

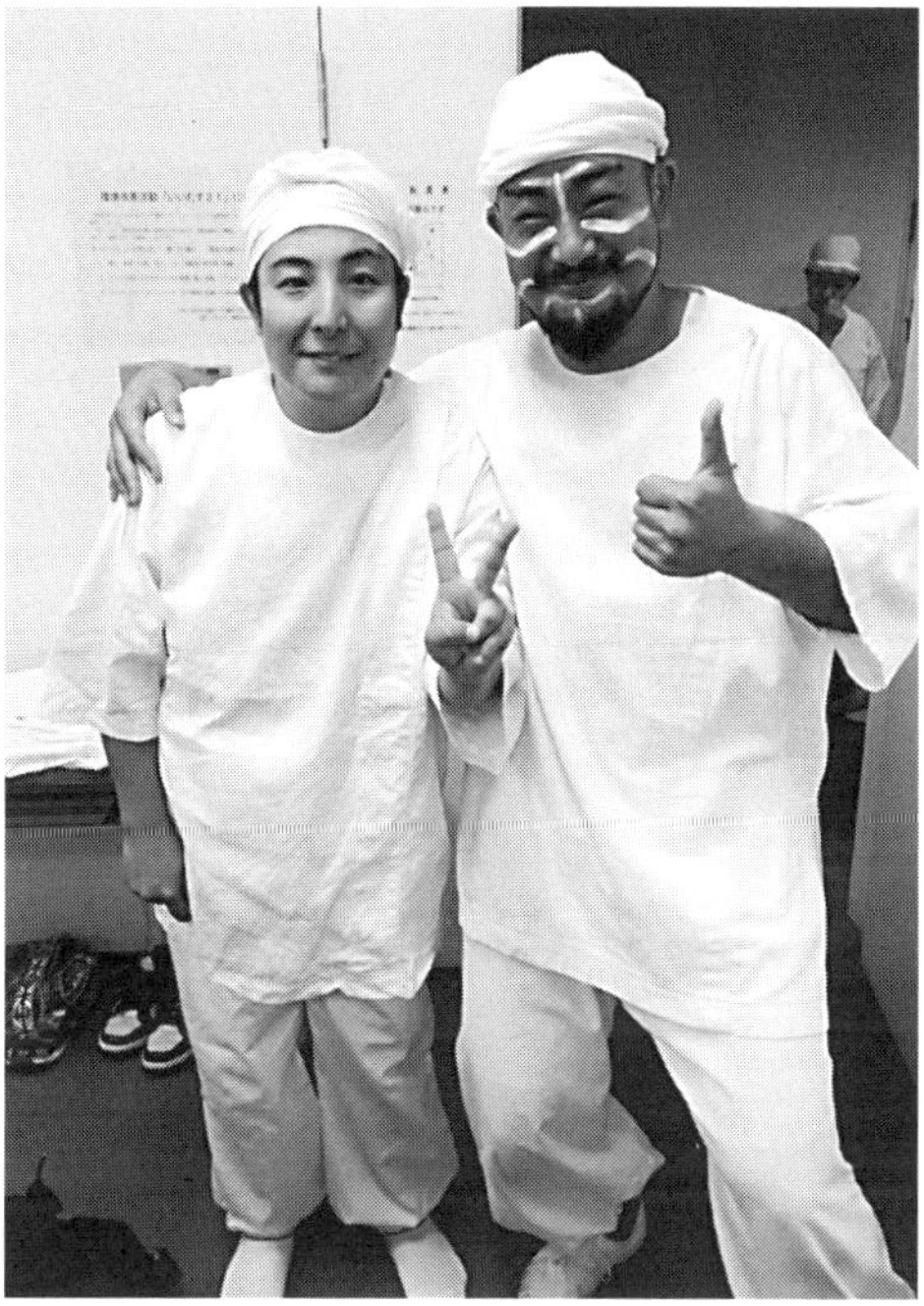

舞台のあとの心のほてりがそのまま出ているような写真です。この一枚の写真を撮るために飯田まで行ったんだなと思います。

緊張した舞台もあっという間に終わり、最後にあこがれのマッキーと写真を撮りました。

「なぜ彼らといるときに、ゆるっと心地よいのか、わかった気がします」

六カ月にわたる演劇ワークショップを二時間一一分の記録映画にまとめました。撮影、編集は宮沢あけみさんです。上映会をやり、たくさんの人が感想を書いてくれました。これはそのほんの一部です。

・映画は「ぷかぷか」のパンのようにほっこりあたたかくて、胸にしみいるような作品でした。

・心がほっこりしました。演劇としてとか、メッセージとか関係なく、みんなといるだけで、そのままで、なんだか癒やされる感じがしました。

・とてもよかったです。出演者全員のファンになりました。まーさんがデフパペットシアターひとみの舞台にチャレンジしたシーンは、なぜだか感動して涙が出ました。

・本当にステキだった！　自分がいつも「こうしなくちゃ」「こうあるべき」「こんなふうにできない自分」にしょんぼり、とか感じてたこと、ここのみんなは全く思ってなくて、私もみんなみたいに自由になりたいな〜、って本当にまぶしく感じました。うまれながら自分にぐるぐるからみついていたロープを少しずつほどいていきたい!!と思いました。「ぷかぷか」いいね！！！

・そのままでいることが豊かな人生の基本ですね。自然体の彼らがとてもよかったです。

・心が温まり、元気が出ました。

・なぜ彼らといるときに、ゆるっと心地よいのか、わかった気がします。

・まーさんの姿に明日からも生きていく力をもらいました。感動しました。どの人にもまーさんのようなオリジナルで個性的なドラマがあるのだろうなと思いました。

・ちょっとできないことが多かったり、時間がかかったりするだけなのに、生きづらい世の中におかれている。私は心の底から、彼らは社会の子、社会の宝として、社会のど真ん中にいるべきだと思っています。彼らからもらえるものが本当にたくさんあるなとあらためて感じました。

彼らが生きやすい世の中になれば、すべての人に幸せな世の中になるのにとつくづく思いました。

・私事ですが、昨日は自殺した友人のお葬式でした。心の整理がつかないまま、今日、こちらに伺い、「生きる」ということを深く感じる時間でした。みなさんの豊かな表情は、本当に心にしみました。こちらに足を運んで本当によかったです。

・一緒に生きていくことが自分を豊かにする。ジーンときました。とても素敵な時間でした。

・言葉にするのがもったいないくらいすばらしかった。涙が出ました。やっぱり心が洗われるわくわくする!!

・こんなふうに一緒に社会で生きていけると楽しいよなー、自然だよなーと改めて感じました。

4 第二期みんなでワークショップ――『みんなの生きる』

「みんなの生きる」の詩を書く

みんなでワークショップ第二期（二〇一五年九月～二〇一六年二月）では、谷川俊太郎の「生きる」という詩を元に「みんなの生きる」の詩を書くところから芝居づくりを始めました。

「自分が一番生き生きするとき」「楽しいとき」「うれしいとき」「悲しいとき」「感動したとき」などをキーワードに、それぞれで三～四行の詩を書いてもらいました。それを元にグループで「みんなの生きる」という詩にまとめました。

そうやってでき上がった詩がこれです。

オムライスを食べること
早起きできたこと
朝起きたら天気がピカピカいい天気なこと
生きているということ
人があたたかいこと
食べること

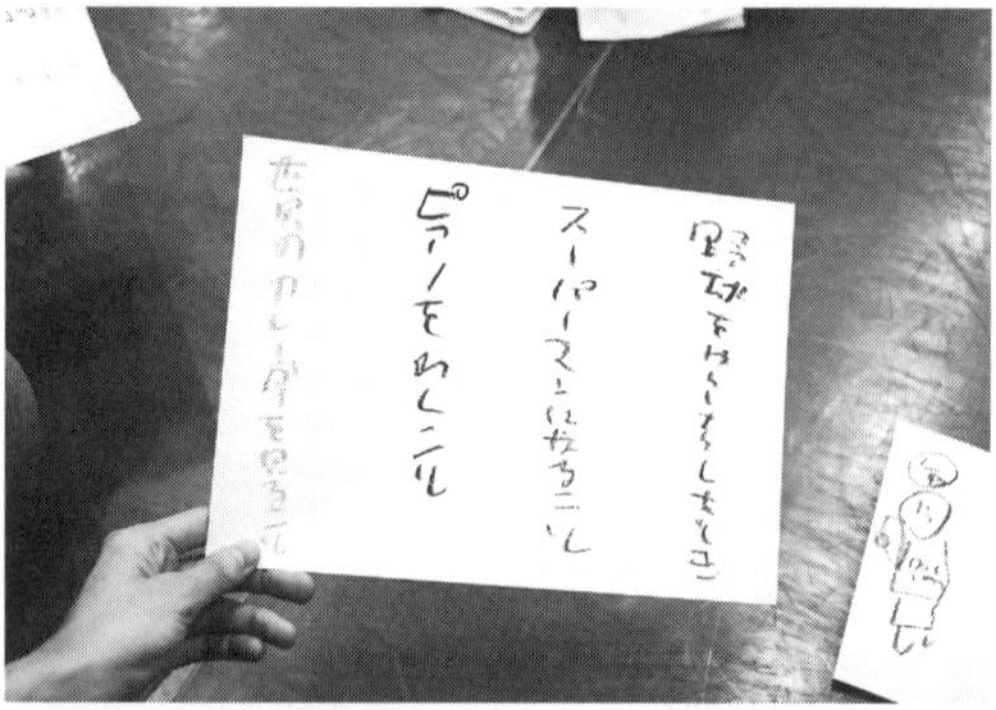

ふざけ合うこと
でも
いいたいことが伝わらないこと
傷つけてしまったこと
あきらめてしまうこと
笑顔を奪うこと
さけぶ
大きな声で
自由にものが言えること
好きな
夢を見れること
今日も布団で寝れること

グループの詩を作ったあと、それに対立するものとして、「腹が立ったこと」「悲しかったこと」などを書いたのですが、「生きる」の詩にあるような楽しい世界を壊してしまうほどのパワーがありません。

生きているということ、今、生きているということ、それは旅行に行くこと、映画に行くこと、ダンスをすること……と、楽しいこと、うれしいことがずらっと並びました。それと対立するもの、みんなの思いをつぶしてしまうもの、めちゃくちゃにしてしまうもの、それは何なんだろう、とあらためて考えました。

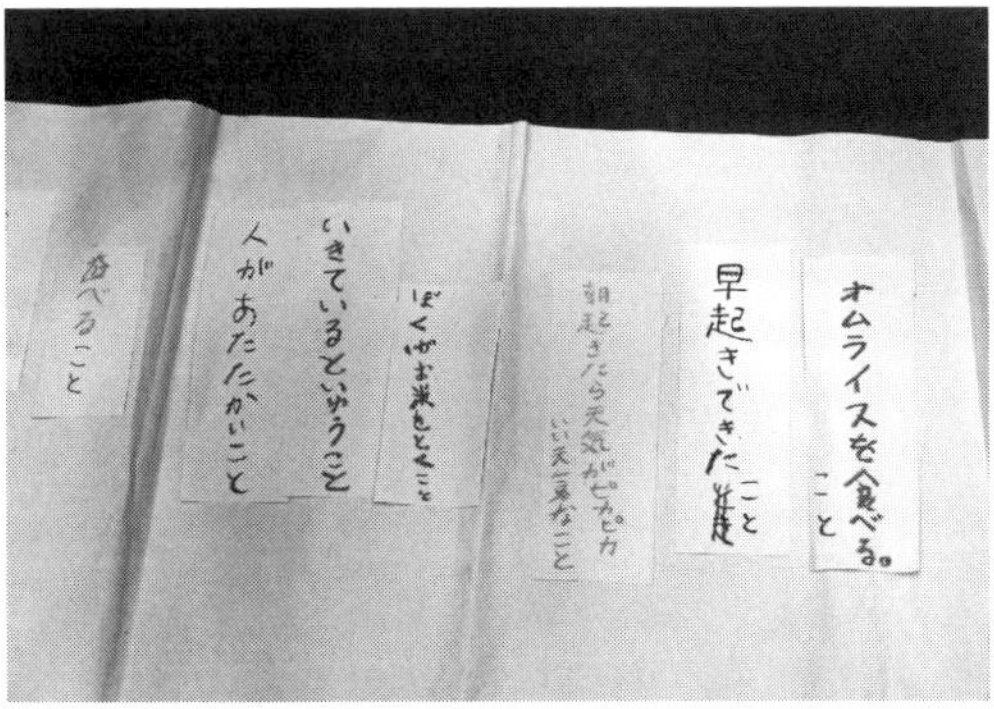

むっつり大王

進行役の花崎さんと「みんなの生きる」をつぶしてしまうものってなんだろう、といろいろ話をしました。なかなかいいアイデアが出てこなくて、困ってしまったのですが、

「楽しいことが嫌い、うれしいことも嫌い、旅行も映画もダンスも大嫌い……そういう人はいつもむっつり顔、そうだ、《むっつり大王》っていうのはどうだろう」

と思い立ったのです。

とにかく楽しいこともうれしいことが大嫌いで、生まれてこの方、笑ったことが一度もないという暗い人生ひとすじの大王。

「木漏れ日がまぶしい」

なんてうれしそうに言おうものなら、

「うるさい！　そんなことはうれしくも何ともない！　うれしそうな顔したこいつを逮捕しろ！」

なんてめちゃくちゃなことを言う「むっつり大王」なのです。

そしてそういう大王がどこかにいて、私たちの「生きる」をめちゃくちゃにする、と、そんなイメージでした。

むっつり大王は自分の中に

ワークショップの中で、その「むっつり顔」をやってみました。「むっつりの階段」というコミュニケーションゲームです。七人くらいが横に並び、最初の人は少しだけむっつりした顔を作ります。

隣の人はそのむっつりした顔をよく見て、そのむっつり顔を少しふくらませて次の人に送ります。その次の人は更にふくらませて……というふうに「むっつり」をふくらませていきます。

むっつり大王のお面を作りました。そのお面をかぶって動きながら、むっつり顔になる理由を言いました。

「うるさい！」とか「こっち見んなよ」とかいろんなことを言っていましたが、反省会で、

「私がふだん思っていることと同じだわ」

「これだけのことをふだん、みんな自分の中で抑えているんだね」

「むっつり大王」のお面を作りました

といった意見が出ました。要するに「むっつり大王」は外からやってくるのではなく、自分の中にいた、というわけです。

「みんなの生きる」を蹴散らしてしまうものとして、わかりやすい「むっつり大王」をもってきたのですが、それは実は自分の中にいた、という発見。

私たちは日々の生活に追われるなかで、谷川俊太郎の詩にある「生きる」の世界を、ともすれば忘れてしまいがちです。

大事にしなければならないことを忘れ、私たちはいったいどこに向かおうとしているのでしょう。

「むっつりに感染しない人たちもいるんじゃないか」

先日、映画『ぷかぷか』（第一期「みんなでワークショップ」の記録映画）を久しぶりに見て、「ワークショップの場には、なんて豊かな時間が流れているんだ」と思いました。見ているだけで、ホッとした気分になります。硬くなっていた心と身体が自然にほぐれます。

できることはいいことだ、時間のかからないことはいいことだ、みたいなことにずっと追いまくられる日々の中で、だんだん「むっつり大王」が私たち自身の中でふくらんできているのだと思います。そして「生きる」の詩にあるような豊かな世界を、知らず知らずのうちに自分で押しつぶしているのかもしれません。

だとすれば、ワークショップが創り出しているものや、「ぷかぷか」がつくり出しているものの中にこそ、この「むっつり大王」を超えるものがあるのだろうと思います。

「むっつり大王」は自分の中にいる、という発見から、「むっつり」の感情がどんなふうに広がっていくかをワークショップでやったのですが、その日の反省会で

「むっつりに感染しない人たちもいるんじゃないか」

という意見が出ました。ぷかぷかさんたちのことです。「むっつり」は様々な不満、欲望から生まれます。慎ましく自分の人生を楽しんでいる彼らには、そういう気持ちがほとんどありません。彼らこそ、この「むっつり」に覆われた世界からみんなを救い出すんじゃないか、というわけです。

ワークショップの中で、

「いらいらした気分でどうしようもなくなったときや落ち込んだとき、ぷかぷかに行くとなぜか救われた気分になるんです」

と言った方がいました。「ぷかぷかが好き！」という人がどんどん増えているのも、社会の中で生きづらさを感じている人が多いからではないのかという気がします。

「♪おひさま〜が　りんごの〜　はっぱをとおして　ひ〜かる〜……♪」

芝居の中では「むっつり」を超えるものとして、ツジさんやリエさんのどうでもいい楽しいおしゃべり、コンノさんと近所のおじさんのへんてこ会話、ショーへーさんのお母さんへの電話をもってきました。「むっつり」がどんどん増えていって、「むっつり大王」がグワア〜ンと最大限大きくなって暗転した舞台にスポットライトが当たります。そこに「ぷかぷか」のメンバーさん登場、という演出です。

ショーへーさんはワークショップの終わったあと、いつもお母さんに電話します。歌を歌ったときは電話口で歌います。

「♪おひさま〜が　りんごの〜　はっぱをとおして　ひ〜かる〜……♪　と歌いました、おしまい」

と、お母さんと話しているのを聞いて、なんだかとてもあたたかな気持ちになりました。この歌こそがむっつりの世界からみんなを救う、という筋書きを作りました。

ところが前日のリハーサルの舞台の上でショーへーさん、

♪おひさま〜が　りんごの〜……♪

と歌うところで、大真面目な顔をして

♪つかれた　つかれた……♪

と、「むっつり大王」の歌を歌ったのです。

みんなのけぞってしまいました。みんなの安心しきった世界を一瞬にして壊してしまったのです。

「え〜！　どうなっちゃうの？」

と思いつつ、答えは誰もわからないのです。そしてみんな必死になって、

「ここはおひさまの歌を歌うんだよ」

って説明するのですが、ショーへーさんはオウム返しで

「ここはおひさまの歌を歌うんだよ」

と言うばかりで、本当に歌ってくれるかどうかは誰にもわかりません。でも、もう任すしかありません。

このハラハラする緊張感こそが、彼らと一緒に芝居をする醍醐味だと思います。予定されたことが予定通りになることは当たり前であって、面白くもなんともありません。予定が外れてしまったときこそ、みんなが必死になったりして、密度の濃い時間を生きることができます。

でも、本番はショーへーさん、ちゃんと予定通りの歌を歌いました。ホッとしながらも、一方でなんだか残念な気もしました。

リハーサルのときの、みんな「うっひゃ～」とのけぞるような瞬間のドキドキ感こそ、本番の舞台で見せたかった気がするのです。

5 第三期みんなでワークショップ――『セロ弾きのゴーシュ』ぷかぷか版

みんなでワークショップ第三期は『セロ弾きのゴーシュ』をやることになりました。「遅い」「みんなと合わない」と楽長から叱られてばかりのゴーシュは、社会から疎外されがちなぷかぷかさんと重なるところがあるのです。

できないことが新しいものを生み出す

どんなことでもできないことはダメだみたいな雰囲気が社会にはありますが、ワークショップの中では別に気にしません。気にしないどころか、できないがゆえに、新しいものを生み出すこともあります。

「ぷかぷか」で働いているユミさんは字を読むのがあまり得意ではありません。得意ではないので、台本はどうしてもたどたどしい読み方になってしまいます。でも、そのたどたどしい読み方がすばらしい芝居を生み出したこともあります。

『セロ弾きのゴーシュ』に取り組んだとき、そのユミさんがネズミのお母さん役をやったことがありました。病気になった子どもたちをぞろぞろ連れてゴーシュのところへやってきて、病気の子どもたちのためにセロを弾いてくれるように頼みます。

「どうして俺がセロを弾くと病気が治るんだ」

と聞くゴーシュにユミさんは一生懸命説明するのですが、たどたどしい説明でなかなか前に進みません。具合の悪い子どもたちは、もう待ちきれなくて、お腹が痛いの、吐き気がするの、熱があるの、と次々に訴えるのですが、お母さんの説明はどこまでもたどたどしく、子どもたちはのたうち回っていました。早く説明してくださいと、のたうち回りながら訴えるのですが、その思いがユミさんにはなかなか伝わりません。

このシーン、なんともおかしくて、みんな笑ってしまいました。このおかしさは演出で生み出したものではありません。ユミさんがネズミのお母さん役をやることで生まれた、なんともあたたかみのあるおかしさでした。

社会の中ではダメとされる、たどたどしい読み方が、演出で生み出すのは難しい「おかしみ」を、ごく自然に生み出し、ワークショップの中では特筆すべきほどの価値あるシーンを創り出したのです。

病気の子ども役をやった地域のお父さんはその日の反省会で、

「今日は久しぶりに必死になって芝居をやりました」

とおっしゃっていました。デフパペットシアターひとみのプロの役者さんたちもいつになく楽しそうに、そして必死に演技していました。ヨコハマアートサイトから来たセミプロ級の役者さんもお父さんネズミ役を、涙ぐましいほど一生懸命やっていました。

後日送ってきた感想にはこんなことを書いていました。

《こないだは、私も必死に〈ねずみのお父さん〉役をやりました。事前に大した練習もしないまま稽古発表を始めるのですが、障害のあるなしなど関係なく誰かにすがらないとできません。一方で、誰かにすがりながらも、自分でなんとかどうにかするわけです。誰かに頼られたら、助けるしかありません。》

ユミさんはセリフを言いながら、なかなか先へ進めなくて、まわりに助けを求めていたのでしょう。ネズミのお父さん、子どものネズミをやっていた人たちは、必死の演技でお母さんを助けようとしていたのだと思います。

障がいのある人が助けを求めていても、ワークショップの場では、何かをやってあげる、といったことはしません。あくまで芝居でフォローします。一生懸命やるのだけれど、芝居が一向に進まないおかしさ。みんな笑ってしまいました。

ネズミのお母さんの役を普通の人がやって、演出家の指示に従ってたどたどしく読んでも、こんな面白いシーンは絶対に生まれません。ユミさんがいてこそ生まれたシーンなのです。そこにユミさんがいる理由、障がいのある人たちがいる理由があります。

何かができない、という社会のマイナス評価の部分が、ワークショップの中では新しいものを生み出したことになります。いろいろマイナス評価の多い障がいのある人たちがワークショップ

の中では新しいものを一緒に創り出す仲間になるのは、彼らのそのままがワークショップの場では生きるからです。字がうまく読めない、ということが、そのまま芝居の中で生き、なんともいえないおかしさを生んだのです。

すばらしく味のあるチェロ

今回はアート屋わんどでぷかぷかさんたちの作った作品を、芝居の小道具、背景画などに使いました。『セロ弾きのゴーシュ』は金星音楽団が演奏会に向けて練習をするところから物語が始まります。その練習風景をワークショップの中でやってみたのですが、みんな手を適当に動かしているだけで、どんな楽器を演奏しているのかがよくわからないのです。それで「ぷかぷか」のアート屋わんどにお願いして段ボール製の楽器を作ってもらいました。

チェロ以外は平面の楽器でしたが、それでも手に持つと、妙にリアリティを感じました。

チェロは最初「ぷかぷか」のスタッフがモデルを作り、それを見ながらぷかぷかさんが作りました。スタッフもすばらしいチェロを作ったのですが、うまくできすぎていました。ぷかぷかさんの作品は、写真を見てもわかるように、なんだか面白い、すばらしく味のあるチェロでした。この「なんだか面白い」という感覚が大事だと思います。

チェロは『セロ弾きのゴーシュ』の舞台の中心にあって、芝居を支えてくれました。演劇ワークショップは、ぷかぷかさん自身がまず芝居の中で輝くのですが、ぷかぷかさんの作った「作品」も芝居の中で輝きます。

ふつうに書いた字がそのまま背景画に

背景画は『セロ弾きのゴーシュ』の物語をそのままぷかぷかさんたちが筆で書いて作りました。彼らの書いた文字は味があって、そのまま背景画として使えました。私たちが同じように書いても、多分背景画にはなりません。このあたりの差はなんなんだろうという気がします。彼らは字がうまいというわけではありません。でもなんともいえない味があるのです。だから背景画になったのです。

ただ字を書いただけなのに、それが背景画になってしまうのは、彼らのすばらしい才能ではないかと思うのです。そのことをきちんと認めるとき、そこからは新しい文化といっていいほどのものが生まれます。「ぷかぷか」の演劇ワークショップは、そういった新しい文化をたくさん生み出した気がします。

クリームパンを買いに来たお客さんが一緒に舞台に

オーヤさんは「ぷかぷか」のお客さんです。子どもと一緒に毎日のようにクリームパンを買いに来たことがきっかけでぷかぷかさんとお友達になり、その後パン教室に来たり、「わんど」のワークショップに参加。そして今回演劇ワークショップに参加し、なんとみどりアートパークの舞台にぷかぷかさんたちと一緒に立ったのです。本番直前には緊張のあまり、目が真っ赤になって涙がこぼれるほどでした。

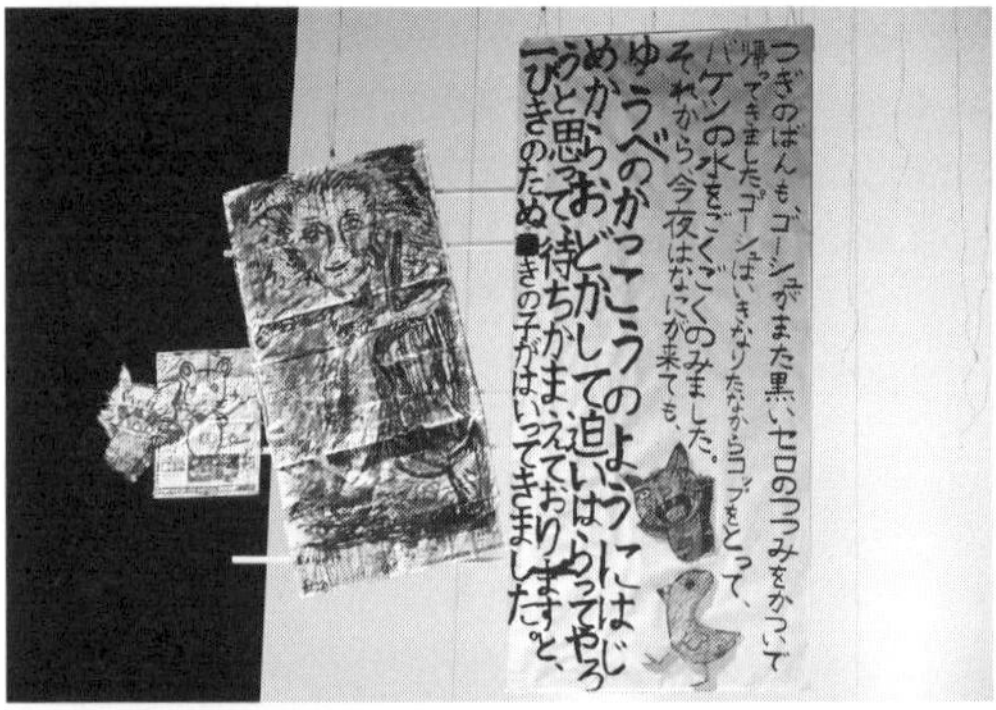

《本番前、緊張と自分が勝手に作ったプレッシャーからセツさんと高崎さんの前で目から溢れるものが。みんなで楽しむはずが、ガチガチになっていました。

本番。少し気持ちが吹っ切れ、とにかく楽しくやろう。そうしないと、見ている家族に伝わらない。そしてこれまでの楽しかったワークショップを思い出し、舞台にのぞみました。

本番終了。楽しかった！　というよりは、来月からワークショップがないんだ。

という寂しさが。そんな風に感じた自分に少し驚きを感じました。

四角い木枠のすぐ左がオーヤさん。「よかぜとどろき」の歌を堂々と歌っています。

　というのも、私は積極的にワークショップ参加を希望したわけではありませんでした。

「今年は出るんでしょ？」「絶対楽しいって！」

と高崎さんに言われても、全く参加したいとは思いませんでした。ひと前で演技する、舞台の上に立つのが絶対嫌だったから。

　そんなある日
「騙されたと思って出てみたら？」

の言葉で、

「娘にとっていい体験になれば」

と思い、娘二人と一緒に参加する事にしました。

いざワークショップがスタート。出されたお題を表現するにも、自分がどんな風に見えるのかを考えると、恥ずかしくて、恥ずかしくて。

でも、回数を重ねていくうちに、何をするにも一生懸命で、でも笑う時はケラケラとにかく笑う。そんなスイッチの切替がうまい高崎さんやぷかぷかさんを見て、何だか気持ちが楽になり、少し自分の殻が破れたように感じました。

ワークショップは朝九時~夕方四時までの長丁場。毎回確かに疲れます。でも、大声で発声したり歌ったり、夢中になって体を動かし、意見を出し合ったり、一つの事が出来上がっていく凄さだったり、お菓子やお弁当を食べながら皆んなで過ごす休憩時間だったり。本当に充実した時間でした。

何時間も一緒に過ごすと、今まで知らなかったぷかぷかさんを知る事もできました。

子供が大好きなぷかぷかさん、暴走するぷかぷかさんに対して、それを止めようとするぷかぷかさん、娘が泣いていたら（原因は親の私）、「俺じゃないよ」「俺は泣かしてないよ」と心配するぷかぷかさん。「午後も頑張ろう」とそっと私に宣言してくれたぷかぷかさん、静かに出来ない娘に対して注意するぷかぷかさんなどなど。

「娘にとっていい体験になれば」

と思い参加したのに、私が真剣になり夢中になり、また、知らなかったぷかぷかさんの側面を愛おしく感じたり。私をワークショップに送りこんでくれた高崎さんに感謝の一言です。

本番の次の日、乗っていたバスの窓から、野菜をせっせと運ぶスタッフとぷかぷかさんを見

つけ、「今日もこの街を耕してくれてるんだ」と、この日常の風景にもまた私は自然と笑顔になっていました。》

子どもと一緒にクリームパンを買いに来ていただけのお客さんが、いつの間にかぷかぷかさんたちと一緒に舞台に立ってしまったなんて、すごいことだと思います。

《「娘にとっていい体験になれば」と思い参加したのに、私が真剣になり夢中になり》というところがすごくいいと思います。よくある「福祉事業所をお手伝いした」とか「障がい者とふれあった」といったレベルではなく、オーヤさん自身が夢中になるものを見つけた、というところが、オーヤさんと「ぷかぷか」の関係を語っています。

涙が出るくらいの緊張感でぷかぷかさんたちと一緒に舞台に立ったオーヤさん、相模原障害者殺傷事件を生むような病んだ社会の中で、はるか先へ行っている気がします。

第八章　思いつきのひとことが思ってもみない広がりを生んだ話

区役所とのおつき合いが、ほんの思いつきのひとことで、ぐわっと関係が広がったことがありました。その思ってもみなかった物語です。

1　区民まつりでブースのデザイン

二〇一五年の区民まつりで、ひょんなことから地産地消ブースのデザインを「ぷかぷか」がやることになり、それがきっかけで区役所との関係に思ってもみない広がりを生みました。

毎年秋に大きな公園で緑区民まつりが開かれます。テントが五十張りくらい張られ、その中に地産地消のキャンペーンをおこなうブースがあります。キャンペーンの一環でお客さんに地場野菜を使った「おから煮」を配ることになり、その製造を「ぷかぷか」がすることになりました。小さなパック詰めを三〇〇個です。一個二〇〇円で六万円。予算の最終打ち合わせで区のほうは一〇万円用意してくれていることがわかり、まだ四万円の余裕がありました。ここで黙っていれば四万円は浮いたままです。これはもったいないと

「あの、その四万円で地産地消ブースのデザインとキャンペーンのチラシのデザインをやらせてもらえませんか？」

という提案をしました。全くの思いつきでした。デザインのあてがあったわけではありません。ブー

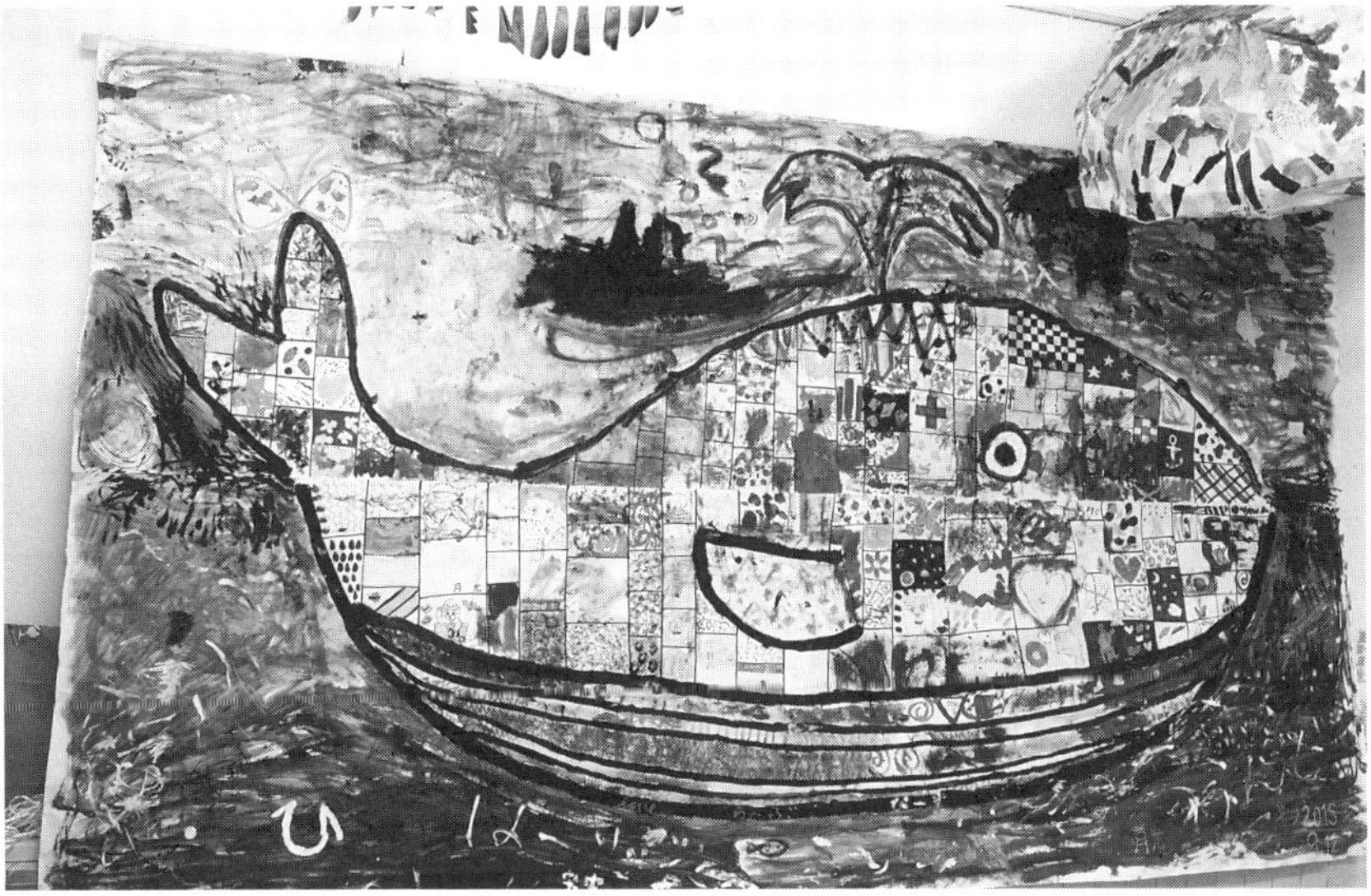

スのデザインなんて、考えてみれば結構大変ですが、養護学校の教員をやっている頃、文化祭などでこの手のデザインは数え切れないくらいやっていたので、まぁなんとかなるだろうと思っていました。

この時のひとことから区役所との関係が思ってもみない広がりを見せることになりました。

突然の提案で、区のほうも即答ができず、検討します、ということでその日は終わりました。二、三日たってから、ブースとチラシのデザインを「ぷかぷか」に任せたい、という連絡がありました。「ぷかぷか」がふだんから作り出しているものを見ての判断だったと思います。「ぷかぷか」に任せれば何か面白いものができるんじゃないか……と。

アート屋わんどにはこんな楽しい絵（上の写真）が飾ってあります。

区役所から正式な依頼を受け、ブースのデザインをさてどうしようかと思いながら歩

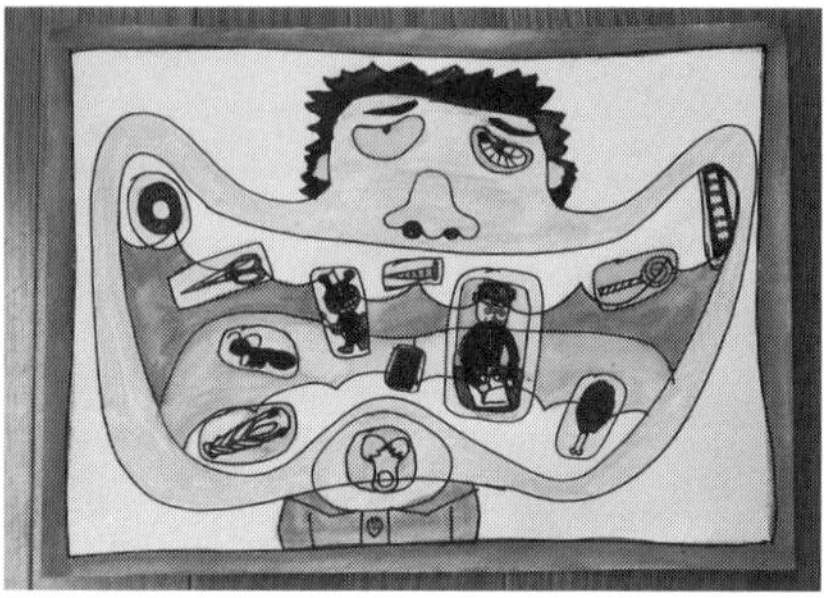

き回っていて見つけたのがヨッシー（絵のうまいぷかぷかさん）の描いた、歯医者に行って大きく口を開けた絵です。もう直感的に、これ、テントの入り口にしよう、と思いました。

段ボールで大きな口を開けた絵を描き、それをテントの入り口にしようというわけです。さっそく「わんど」の職員にデザインの下絵を描いてもらいました。顔に手を当て、子どもたちに「お〜い、みんなおいで〜！」って呼びかけている感じを出したいと思いました。頭には地場野菜のシンボルとしてカボチャをのせました。

区民まつりにこんなテントが出現したら、子どもたちは大喜びです。「変なおじさんテントだよ」なんて感じで集まってくれるといいなと思いました。

顔は段ボールのパーツにわけ、テントの支柱にテグスで縛り付けられるように製作します。

問題はカボチャで、これは段ボールで作ります。当初の予定では直径二メートル、高さ一メートルくらいを考えていたのですが、トラックがないと運べないことがわかり、「ぷかぷか」で一番大きいステップワゴンの荷室に入るくらいの大きさにすることにしました。

段ボールでカボチャの骨格を作り、間に新聞紙を丸めて詰め込み、上に紙を貼って丸いカボチャの形を作ります。けっこうな重さです。これをテントの屋根の稜線上の真ん中あたりに上げます。

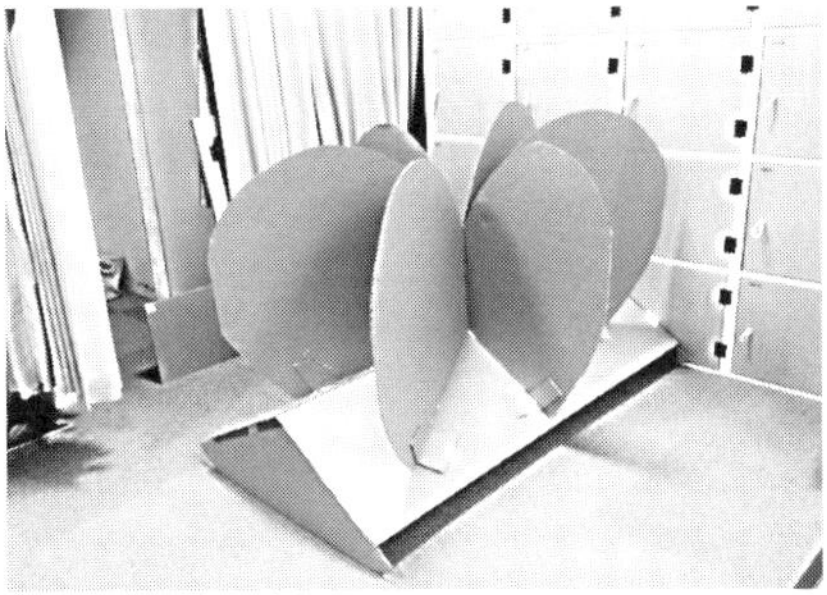

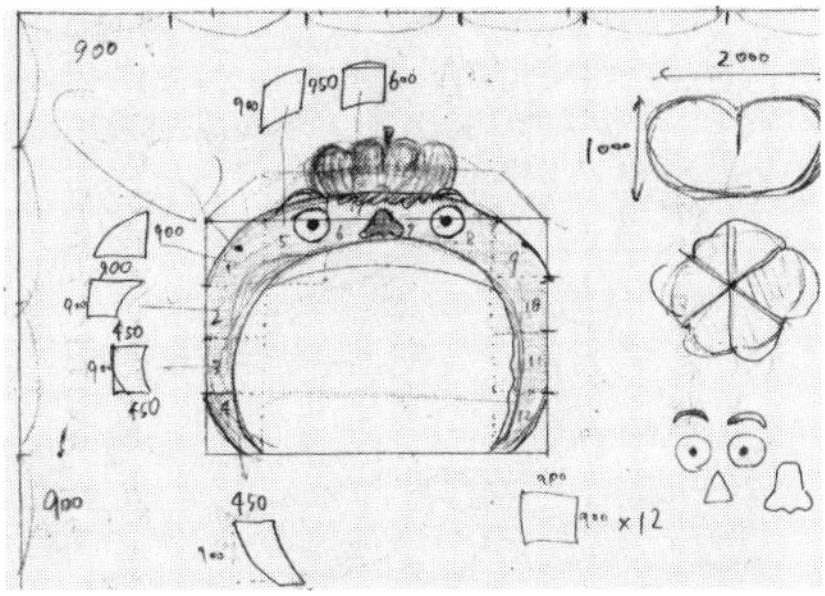

どうやってそこまで上げるのか、かなりの難問です。でもこういう難問にぶち当たって、ああでもない、こうでもないと悩み抜くことこそが、こういう仕事の楽しいところ。

いろいろ考えた末、九〇cm×一八〇cmの段ボール板を買ってきて、それをテントの屋根の角度で折り曲げ、そのうえにカボチャを組み立てることにしました。

こうすれば、テントのサイドから屋根の稜線上に担ぎ上げ、ロープで反対側から引っぱって、稜線上をズリズリと真ん中まで移動させることができます。思いつきはよかったのですが、本当にこの通りに行くかどうかは当日までわかりません。

このカボチャ、組み立てるのはよかったのですが、完成して部屋から出すとき、大きすぎてドアから出ないことがわかり、青くなりました。結局泣く泣く押しつぶすような格好で外へ引っ張り出したのですが、ものを作るとき、何かを始めるときは、大概こういうトラブルが発生します。でも、そういうトラブルがまた楽しい、と私は思っています。

当日はテントのサイドから屋根の稜線に担ぎ上げる際、バランスが崩れて真っ逆さまにひっくり返ってしまいました。それでもめげずに再度挑戦し、屋根の稜線上に担ぎ上げ、予定通り反対側

カボチャをあげたあと、顔のパーツをテントの支柱にくくりつけます。

からロープでズリズリと引っぱり、見事テントの真ん中あたりにカボチャを設置したのでした。この時は期せずしてまわりから拍手が起こりましたね。

楽しいブースがこのようにでき上がりました。これはものすごく好評でした。五十張りくらいあるテントで、楽しいデザインをしたのはここだけでした。区役所が「ぷかぷか」の力を見直す大きなきっかけになりました。

2　大きな絵地図を作ることに

ブースのデザインと平並して、チラシのデザインがありました。チラシには当日配布するおからのレシピと、地産地消サポート店（地場野菜を使う料理店）の情報を載せるよう区役所から依頼がありました。区役所から送られてきたデータはお店の連絡先、営業時間などのテキストデータだけだったので、これを見ても、誰もお店に行きたいとは思いません。誰もが「あ、行ってみようかな」と思えるような楽しい絵地図にしませんか？　という提案をしました。お店のシェフの似顔絵も描きます。楽しい絵地

図に楽しい似顔絵。誰が見ても「ちょっと行ってみようかな」という気になります。提案はあっさりOK。ところがA4サイズのチラシに絵地図は入りません。区役所のほうでA1サイズのパネルを用意してくれましたが、せっかく描いた似顔絵が小さくなって冴えません。いろいろ検討して、結局テントの横の壁を使うことになりました。縦二メートル×横三・六メートルの大きさです。

さっそく似顔絵のうまいヨッシーを連れて地産地消サポート店をまわり、シェフの似顔絵を描きました。似顔絵なんて描いてもらったことがないので、最初はみんな緊張していましたが、でき上がった似顔絵を見たときは、みんなとてもいい顔をしていました。似顔絵を描く、というのは写真を撮るのとは全く意味が違うことにあらためて気がつきました。似顔絵は時間がかかります。相手はじっとして待っています。この時間がほとんど初対面だった相手とのいい関係をつくり出してくれました。

十軒ほどまわり、楽しい似顔絵を描きました。お店の絵は写真を撮って、別のぷかぷかさんに描いてもらいました。ベースになる大きな地図を描き、それにお店の絵と似顔絵を貼り込んでいきました。地図にはみんなで好きな絵を描き込んでいきました。駅の近くをサイが歩いていたりイルカが飛び上がったりしている楽しい絵になりました。

予想をはるかに超えてすばらしい、楽しい絵地図ができ上がりました。こんな楽しい絵地図はプロに任せてもできません。この楽しさこそが、ぷかぷかさんたちの味です。こういう人たちが街にいるからこそ、街が楽しくなります。この絵地図の楽しさは、彼らが街にいることの意味を端的に示していると思いました。

朝、担当の課長と会ったので、

「この絵地図、今日一日で捨ててしまうのはもったいないですよ。一週間くらいでも区役所のロビーに飾りませんか？」

「いいですねぇ、検討します」

という返事でした。保健福祉局の部長も絶賛してくれました。

大きな口を開けたテント入り口、屋根の上の大きなカボチャ、側面の大きな絵地図、誰が見ても楽しいブースになったと思います。

3　大きな絵地図が区役所のロビーに

よれよれになった大きな絵地図をロビーに飾るのはかっこ悪い、とパネル張りにすることになりました。もちろん区役所のお金を使ってです。一〇万円もかかりました。ここにはぷかぷかさんの描いた楽しい絵地図に対する区役所の思いがこめられていると思いました。「ぷかぷか」の活動、障がいのある人たちの活動に対する区役所の「評価」だと思いました。

知り合いの額縁職人に頼んでパネル張りにしてもらいました。よれよれの絵地図が見違えるほどきれいになりました。

せっかくなのでロビーに飾るとき、除幕式をやろうということになりました。もちろん区役所の提案です。パネル張りした大きな絵地図の前に白い幕を張り、予定では区長、ぷかぷかさん、私の三人でロープを引っぱり、白い幕が落ちることになっていました。

ところが、除幕式という硬い雰囲気を吹き飛ばそうと「ぷかぷか」のメンバー・ツジさんが「ギンギラギンにさりげなく」を歌ったとき、一緒に除幕式に出ていたぷかぷかさんがツジさんのまわりで踊り始めました。こういう予定はなかったのですが、思いがけなく楽しく盛り上げてくれました。ところが元気よく踊ったはずみに幕にからだが引っかかって、途中で幕が落っこちてしまいました。

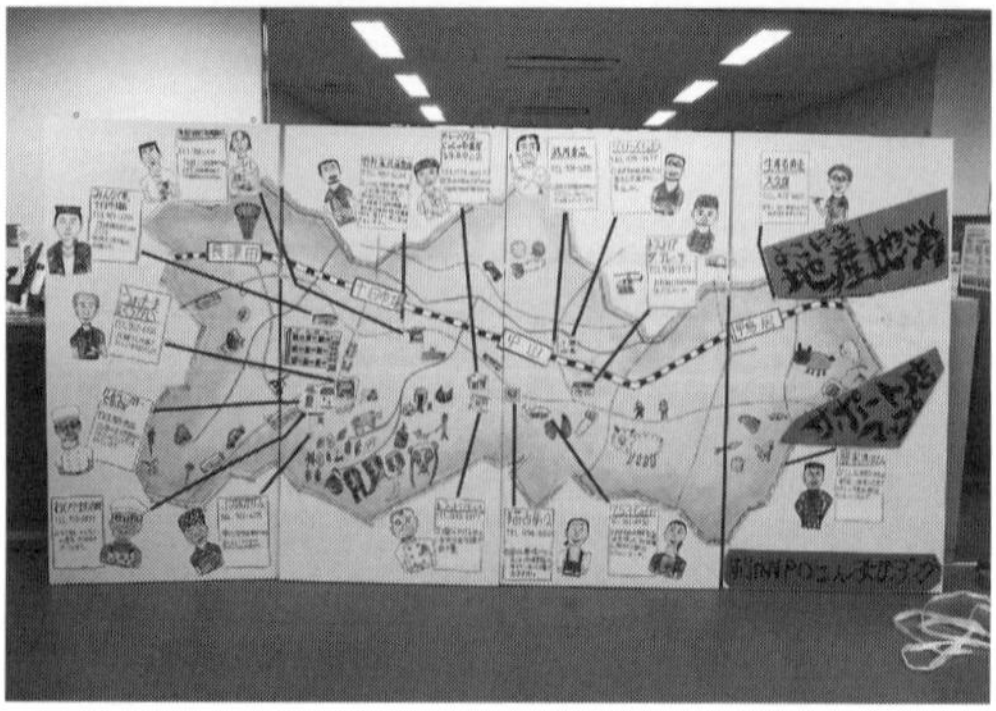

みんな大笑いでした。役所の堅い儀式の中ではあり得ないことだったわけで、

「ま、『ぷかぷか』らしくてよかったです」

と除幕式の担当者は苦笑しながら言っていましたが、こういう言葉を引き出すくらい、ぷかぷかさんたちは区役所の人たちの心をやわらかくしていたのだと思います。

区役所というところは決して面白いところではありません。そんな区役所に足を運んで、たまたまロビーで楽しい絵地図が目に入ったら、思わずにんまりとしてしまいます。ぽっとあたたかいものがからだに広がります。ちょっと元気になります。何かいい一日になりそうな気がします。障がいのある人たちが、こうやってさりげなく社会を気持ちのいいものに変えていきます。

4　区長、副区長が名刺に似顔絵

除幕式では、ついでに区長の似顔絵をヨッシーが描き、区長はその似顔絵を使って名刺を作りました。副区長も作りました。

こんな名刺もらったら、たまたまその時怒っていたり、いらいらしたりしていても、なんだかそんなことはもうどうでもよくなって、つい、

「いや〜、いいですね〜」

なんてニカニカしながら言ったりします。この似顔絵には、その場をふっとなごませてしまうチカラがあります。これが写真だったりしたら、絶対にそんなことは起こりません。どうしてなんだろうって思います。

こういう名刺はもっともっと世の中に広がったほうがいいと思います。世の中がなごみます。ふっと気持ちが和らぎます。なんだか癒やされます。優しい気持ちになれます。イラッとする心が恥ずかしくなります。お互いがニカ〜ッと笑顔になって、なごやかな雰囲気で打ち合わせができます。

NPO法人ぷかぷかの平本吉胤さんに書いてもらいました。

区長（名取さん）

NPO法人ぷかぷかの平本吉胤さんに書いてもらいました。

副区長（山本さん）

こんな名刺が世の中に広がったら、社会はもっとお互い気持ちよく生きていけるのに、と思います。

障がいのある人たちと一緒に生きていくと、こんなふうにみんなが「トク」をします。みんなが幸せな気持ちになれます。

社会はこんなふうにして、名刺一枚でも、少しずつ変わっていくんだと思います。たかが名刺、されど名刺です。区長と副区長があちこちでこんな名刺を配ったら街はきっと変わります。

5　人権研修会講師にぷかぷかさん

区民まつりのブースのデザインをしたことで関係が深まった区政推進課から、毎年区役所でおこなう人権研修会講師の依頼がありました。障がいのある人たちの人権について話をしてほしいという依頼でした。私一人で行ってもなんだかつまらない気がして、ぷかぷかさんを三人連れて行きました。

人権問題について抽象的な話をしても何も前に進みません。こういうことは人権問題になるからやってはダメです、とか、障害者を差別することは人権上許されません、とかの話をしても、「ああ、そうですか」で終わってしまい、何も変わりません。

大事なことは研修会がきっかけで、参加した人の中で何か新しい発見や出会いがあり、ほんの少しであっても、よりよい社会に向かって前に進むことです。そのためには人権問題の当事者、障がい者差別に関しては障がいのある人本人に会うのが一番だと考えました。「障害者」という言葉には、社会のお荷物だとか、厄介者といったマイナスイメージばかりが詰まっています。でも、本人に会えばすごく楽しくて、心あたたまるところもあって、マイナスイメージばかりじゃないよな、ってすぐにわかります。

そういう人と人との出会いこそが、社会をよりよい方向へ変えていく出発点になると思うのです。

参加者のほとんどの方は障がいのある人たちと接するのは初めてだったようです。ですからツジさんが会場に着いたときからずっとしゃべりっぱなしだったことにちょっとびっくりしたようでした。このびっくりすることも大切な出会いです。

一人ひとり簡単な自己紹介をしてもらいました。

「『ぷかぷか』でどんな仕事をしていますか」

「仕事で面白いのはどんなところですか」

「給料は何に使っていますか」

など聞きました。アサノさんは彼氏の話もしていました。コンノさんは秩父鉄道というマイナーな路線の話をしていました。ツジさんは紅白歌合戦が大好きなので、二〇〇五年の出場歌手の名前を全部言っていましたが、これが本当にあっているかどうか誰もわかりませんでした。ついでに二〇一四年の歌手も言ってもらい、これはみんなよく知っている歌手なので、それを機関銃のように次から次に名前を言い、これにはみんな驚いたようでした。

驚きの中で「障害者」という言葉に詰め込まれた、社会のお荷物だとか、厄介者といったマイナスイメージはどこかへ行ってしまったのではないかと思います。「障害者」と言われながらも、そこにはあたたかな生身の人間がいるということ、泣いたり、笑ったり、日々自分の人生を楽しんでいる人がいるということ、その当たり前のことに気がついたことはとても大きかったのではないかと思います。何よりも彼らと接すると、なぜか心がぽっとあたたまるということ。

そこを押さえた上で今一度「想像力」を働かせて欲しいと思いました。「障害者」を社会から排除するとき、私たちは何を失うのか、私たちはそれで幸せになるのか、ということを。

彼らのインタビューの最後にツジさんに「ヨイトマケの唄」を歌ってもらいました。決してうまいわけではないのですが、しんしんと心にしみるものがあって、歌い終わったとき「ツジさん、ありがとう」と言いながら、ついうるっと来てしまい、ちょっと困りました。

どうしてツジさんがこの歌を歌うのか、本人に何度聞いてもよくわかりません。紅白歌合戦で聞いて、いっぺんに気に入ったらしいのですが、そのどうして気に入ったのかがよくわからないのです。しつこく聞くと、「勉強するよ」のところ、と言ったりするのですが、どうしてそこなのか、よくわかりません。そういう説明を彼は一切しないのです。

ツジさんは人とのおつき合いの苦手な方で、会話が成り立たないことが多いので、人の生きることについても、それほど考えてないんだろうな、とつい思ってしまいます。でも、この「ヨイトマケの唄」を一度聞いただけで気に入って、歌詞を全部覚え、人の前で、人の心に響くように歌うところを見ると、人が生きることについて、すごく深いところで見ているように思うのです。

そんな彼も社会の中では「障害者」であり、さげすみの対象です。これこそが人権問題です。人権問題は、私たちの側の貧しさに他なりません。

ツジさんの歌も入れてぷかぷかさんがおしゃべりしたのはわずか四十分くらいでしたが、後日区役所から送られてきたアンケートを見ると、予想をはるかに超えて、ぷかぷかさんのおしゃべりは様々な形で参加した人たちに届いていました。過去の人権研修会ではアンケートを書く人はごく少数だったのに、今回はほとんどの人がアンケートを書いた、と担当者がびっくりしていました。それくらいぷかぷかさんたちの話はインパクトがあったのだと思います。

・障がいの方への見方が変わりました。とても楽しく話を聞くことができました。

・メンバーさんの個性がそれぞれで、お話を聞いているだけでほっこり楽しかったです。今度、絶対「ぷかぷか」のお店に行きます。

・「ぷかぷか」のメンバーさんのエピソードが楽しくて、もっと知りたくなりました。

・今まで障害者の人権研修と聞くと難しい重たいイメージがありましたが、今回の研修はちがいました。メンバーの方とのやりとりや、こんなことがあったというお話に気持ちがほっこりしたり、自然体でいいということを学びました。お互い自然体で気持ちよく過ごせる社会になるといいなと思いました。視野が広がりました。お店にも行ってみようと思います。

・今までの概念が覆されました。三人三様で、生き生きとしていた姿が印象的でした。

・私は今回の研修を受ける前は正直あまり関心がありませんでしたが、今回「ぷかぷか」さんのお店で働いている三人の方にお会いして、とても感動いたしました。ぜひ十日市場のぷかぷかさんにパンを買いに伺いたいと思います。このような研修はもっと受けたいと思いました。

・メンバーさんが参加してくれたことがよかったです。一日の仕事のあとで申し訳なかったと思いますが、その姿も見せてもらえて、勉強になりました。

・メンバーの方々の人間力に感動しました。
・ツジさんのおかげで「ヨイトマケの唄」のイメージがわかりました。ありがとうございました。人のよいところを探すというのが、自然に見つけられるような人になれるように毎日がんばります。
・みなさんの明るさと、自然な感じで、またパンを買いたいと思いました。
・辻さんの「ヨイトマケの唄」感動しました。
・ふだん食べている「ぷかぷか」のおいしいパンを作っている人たちの顔が見れてよかった。あらためて人権啓発といわなくてもこの研修には人間がいる。
・研修で一番勉強になるのは本人達の話を聞くことだと思います。一人ひとりの話を聞いて、どういう人たちか知ることができてよかったです。
・三人のみなさんにお会いできてうれしかったです。
・「ぷかぷか」の人たちが楽しく仕事をしていて、生き生きしているのがよく伝わり、やりがいのある仕事であることがよくわかりました。
・三名の方が来て下さって、みなさん明るく楽しいお話を聞けました。「ぷかぷか」のパンが食べたくなりました。
・障がいを持っていても、それぞれ得意分野があり、会計、販売、パン作りなど、その才能が仕事に生かされているところがすばらしい。スキャンで読み取る感じで計算ができるのは特にすごい才能だと感心してしまいました。
・実際にメンバーさんがいらして話を聞くだけではなくて、とても近い感じがしました。ノーマライゼイションといわれているが、つい個性の強さに目が向いてしまっていたけれど、得意なことを素直に誇らしく披露する姿はとてもあたたかく感じました。

・障がいを持っている方と直接ふれあう機会はなかなかなくて、異質な目で見ていた部分もあったと思います。しかし実際に今回お話を聞いてみて、すごくおもしろい考えを持っていたり、人間性あふれており、素直なところがとても魅力でした。ぜひ「ぷかぷか」のお店に行って、直接話がしたいと思いました。

・三名の方が来て下さって、いろいろな質問に答えて下さったり、表現して下さったりしましたが、そのやりとりには、計算も裏もなく、ほんとうに正直で純粋だなと感じました。辻さんの「ふきのとう」の朗読はなぜか涙が出てくるほど伝わってくるものがあり、最後までお聞きしたかったです。私たちは規範やマニュアルの中で生活することが当たり前で、それが生きやすいと考えていますが、実は苦しいもので、自由や幸福感も薄いのかも知れないですね。その多数の中で障がいのある方が生きるのではなく、彼らが自分らしく生きられることが差別のない社会なのだと思いました。

用意された予算と見積もりの額との差額四万円がもったいないと思い、思わず出た、「その四万円でブースとチラシのデザインさせてもらえませんか?」のひとことで始まった物語です。この思ってもみない広がりが、これから何を生み出すのか、楽しみです。

第九章　相模原障害者殺傷事件のこと

1　社会全体が障がいのある人たちを排除

二〇一六年七月二十六日、相模原市の知的障害者施設「津久井やまゆり園」で入所者一九人が元職員の男に殺害され、職員三人を含む二七人が重軽傷を負うという悲惨な事件がありました。あまりの悲惨さに、事件直後は犯人の特異性に起因する事件として語られることが多かったように思います。でも、冷静になって事件を見つめると、それだけですませてはならないものを感じます。

犯人は「障害者はいない方がいい」「障害者は不幸しか生まない」などと言いました。めちゃくちゃなことを言っている感じですが、容疑者の言うことが私たちと無関係かというと、どうもそうではない気がするのです。

あちこちで障がいのある人たちのグループホーム建設に対して反対運動が起こっています。統計によると、建設計画が持ち上がると、その三割くらいに反対運動が起こるそうです。

グループホームの建設反対は「障害者はここに住むな」「ここに来るな」という主張であり、自分の住んでいる地域には「障害者はいない方がいい」という主張です。犯人の言う「障害者はいない方がいい」という考え方と全く同じです。

新型出生前診断で陽性反応が出た母親の九六％が中絶を選ぶという社会の現実があります。犯人と同じ言葉ではないにしても、障がいのある子どもを受け入れないという社会を反映したものです。受け入れない人が九六％というのは、とても大きな数値だと思います。人として生まれる前から排除される、というのはとても悲しいことです。

「障害者はなんとなくいや」「障害者は怖い」「障害者は生産性が低い」「障害者は社会の負担」などは、社会の多くの人が思っていることです。何よりも犯人はこの社会で生まれ、ものの見方、考え方は、この社会で育まれています。ですから容疑者は、社会がなんとなく思っていることを正直に口にしただけともいえます。

社会全体が様々な形で障がいのある人たちを排除しています。そして事件は、その排除が極端な形で現れたと言っていいと思います。

2　面倒のかかる人たちを排除すると社会はすっきりするのかどうか

そんなふうに考えていくと、事件を考えることとは、障がいのある人を排除してしまうような社会の有り様を問うことになります。それは障がいのある人たちを排除すると、この社会はどうなるかを想像することです。

いやな人たち、面倒のかかる人たち、効率の悪い人たち、生産性のない人たちを排除すると社会はすっきりするのかどうか。社会はより快適に、より豊かになるのかどうか、を想像することです。

誰かを排除すると、その排除した人たちの分だけ、社会が許容する幅が狭くなります。社会の幅が狭くなると、私たちみんなが窮屈な思いをします。

私が私らしくある、という当たり前のことが、とてもやりにくくなり、息苦しい社会になります。

社会の許容量が狭くなると、社会はだんだんやせこけてきます。

いろんな人がいること、それが社会の豊かさです。いろんな人の中には障がいのある人もいます。そういう人たちと、この社会の中で一緒に、お互い気持ちよく生きていくにはどうしたらいいのか、が事件を機に問われているように思います。

3　たくさんのファンをつくり出してきた

障がいのある人たちを、様々な形で排除する社会にあって、「ぷかぷか」は、

「障がいのある人たちとは一緒に生きていったほうがいいよ」

「そのほうがトク！」

「彼らと一緒に生きないなんて、もったいない！」

というメッセージを日々発信し続け、そう思える関係を様々な形で事件のはるか前からつくってきました。お店、パン教室、演劇ワークショップ、アートワークショップなど、様々な機会で障がいのある人たちとのいい出会いをつくってきたのです。その結果
「ぷかぷかさんが好き！」

というファンがたくさんできました。

「障害者はなんとなくいや」

と多くの人が考える社会にあって、彼らのことが好き！　という人たちをつくり出したことは、画期的なことであり、一緒に生きていく社会に向けて大きな希望をつくり出したと思います。

相模原障害者殺傷事件が起こってしまった今、そのことの意味は更に大きくなったと思います。

犯人の「障害者はいない方がいい」という言葉に対して、共感とまでは行かなくても、なんとなくそうだよな、と思う人はたくさんいます。障がいのある人たちとおつき合いがなければ、多くの人はそう思ってしまいます。

「それは違う」

と言葉で否定するだけではなく、「ぷかぷか」は日々の活動の中でたくさんのファンをつくり、犯人の言葉は違うと実感できる人をたくさんつくり出してきたのです。それが、事件後の大きな希望、という意味です。

「障害者は社会に合わせなければいけない」と多くの人は考え、その無言の圧力に当事者はもちろん、保護者の方たちも大変な思いをしています。そんな中にあって、「ぷかぷか」は

「そのままのあなたが一番素敵」

と、彼らのそのままをお客さんの前に差し出しています。そして彼らの魅力に気づいた人たちが、彼らのファンになりました。ファンは彼ら自身がつくり出したのです。

彼ら自身が、相模原事件を生むような社会にあって、なおも未来への希望をつくり出しているのです。「障害者はいないほうがいい」のではなく「障害者はいたほうがいい」「いてほしい」「社会に必要」と心から思う人をつくり出すことができるという希望です。

アーダコーダと小むつかしい議論をするのではなく、ファンをつくることで、相模原事件を超える社会をつくろうとしているのです。

4 小さなことを日々の暮らしの中で積み上げる

事件直後、優生思想云々の話やヘイトクライムの話がずいぶん出てきました。でも話が大きす

ぎて、私たちは何をしたらいいのかがよく見えません。大きな話をいくらしても、相模原障害者殺傷事件を起こした社会はなかなか変わりません。それよりも、私たちにできる小さなことを日々の暮らしの中で確かな形で積み上げることが大事な気がします。

何を積み上げるか。それは、たとえば犯人は「障害者はいない方がいい」と言いましたが、それに対して言葉で反論するだけでなく、障害者はいたほうがいいと思える事実、あるいは関係をつくり続けるのです。

「ぷかぷか」はお店や、外販先、パン教室、演劇ワークショップ、アートワークショップなどで、ぷかぷかさんとお客さんの素敵な出会いをたくさんつくってきました。ぷかぷかさんのファンがたくさんできたのも、その出会いのおかげです。

ファンの人たちは「障害者はいないほうがいい」なんて思いません。「いたほうがいい」どころか「いてほしい」とみんな思っています。そう思うようないい出会いをしているからです。こういう人が増えると、社会は確実に変わっていきます。小さなことを日々の暮らしの中で積み上げると、こんなことが本当に起こるのです。

「ぷかぷか」は社会を変えようとがんばっているわけではありません。ぷかぷかさんたちと楽しい日々を創り続けているだけです。「ぷかぷか」のホームページ「ぷかぷかパン」のＦａｃｅｂｏｏｋページ見てください。ぷかぷかさんたちとの楽しい日々が、そのままアップされています。こういうことを続けていると、いつの間にかファンが増え、地域社会が変わってきたのです。

がんばらずに社会を変えていくこと、これが大事だと思います。

この本を読んでいただければ、「ぷかぷか」が具体的にどんなことをやってきたかがわかると思います。そのすべてが相模原障害者殺傷事件を超える社会をつくっていくための小さな、そして確かな事実の積み重ねです。

5　人の名前は、その人の人生そのもの

事件の犠牲になった人たちは保護者の要望で名前を非公表とされていますが、強い違和感を覚えます。名前はその人の人生そのものであり、名前を公表しないことは、その人の人生そのものがなかったことにならないか、という気がするのです。

「障害者」「一九人」というくくりだけで彼らの死が語られるとしたら、一人ひとりのかけがえのない人生がどこかへ行ってしまいます。一人ひとりの名前を語り、それぞれの人生を想起すること、それが大事ではないかと思います。それは障がいがあるとかないとか以前の、人の死にどのように向き合うのか、といった問題だろうと思います。

たとえ重い障がいがあっても、こんな素敵な人生、こんな豊かな人生を送ったんだよ、というメッセージは、こんな時こそ大事だと思います。きちんと名前を書き、この人はこんなすばらしい人生を送りました、と書き残すことは、亡くなられた方への最低限の「礼儀」であるようにも思うのです。

ＮＨＫが「一九のいのち」というサイトを立ち上げ、亡くなった一九人の方の人生をなんとか書き残そうとしています。本当は一番情報をもっているやまゆり園がやることだと思います。やまゆり園がやれば、もっとそれぞれの人生が見えてくるはずです。どうしてそれをやらないのか。それをＮＨＫが肩代わりせざるを得ないところに、事件の大事な部分が見え隠れします。

こんなことは考えたくないのですが、もし「ぷかぷか」でこんな事件が起き、もし犠牲者が出たりしたら、悲しみに暮れながらも私は、犠牲になった方はこういう名前の方で、こんな人生を送ってたんですよ、という話を書きます。悲しくて、悔しくて、やりきれないから、本当にもう毎日書きます。その人が生きた証を残してあげたいからです。障がいがあっても、こんな素敵な人生を、こんな豊かな人生を生きたんだよ、という確かな証です。

そしてそれをたくさんの人たちと共有することこそが、亡くなった方への弔いであり、このような事件を防ぐ力になるのではないかと思います。

6 「決して忘れない」はどこへ行ったのでしょう

《事件からまもなく二年。社会は変わったか。そんな問いは無意味と思えるほど風化が進み、事件直後にあちこちで耳にした「決して忘れない」という言葉がむなしく感じられる。》

と、新聞記事にありました。あれだけみんな口にしていた「決して忘れない」という言葉はどこへ行ってしまったんだろうと思います。「決して忘れない」を言うだけでは、差別や偏見を許容する社会は、何も変わりません。

障がいのある人たちのグループホーム反対を叫ぶ人たちがいます。

「障がい者はこの地域に来るな」「ここに住むな」

と言っているのです。「障害者はいない方がいい」と言った犯人と全く同じ発想です。障がいのある人たちを社会から排除する、という動きは、こんなふうにあちこちにあって、あれだけの事件がありながら、社会は何も変わっていない気がします。

事件を忘れない、というところにとどまるのではなく、日々の暮らしの中で立ち現れる差別や偏見とどう向き合うのか、それに対して何をするのか、ということこそ大事な気がします。

「ぷかぷか」はグループホームの建設問題にコミットしています。反対する人たちへの説明会で「ぷかぷか」のプロモーションビデオを上映したりしました。こんないいところばかり写したビデオなんか見たくない、と始まって五分もしないうちに上映ができなくなりました。「障害者は犯罪を犯す」という言葉も出てきました。障がいのある人たちを知らないことから生まれる偏見でしかないのですが、それを言葉で「それは違う」と説明しても、なかなか伝わりません。そこで考えたのが、問題が起こっている地域の子どもたちを相手にしたパン教室です。

子どもたちは楽しいパン教室の中で、ぷかぷかさんたちと楽しい出会いをしました。子どもたちにとっては「犯罪を犯す障害者」ではなく、パン作りを教えてくれたやさしいお兄さんやお姉さんです。笑い声がいっぱい響いたパン教室でした。ここで出会ったぷかぷかさんのことをおうちに帰ってお父さんやお母さんにお話しして欲しいと思いました。

地域社会に現れる障がい者差別の実態にきちんと向き合うこと。そのことが「事件を決して忘れない」ことだと思います。

7 「障害者は不幸しか生まない」？

「ぷかぷか」ではぷかぷかさんたちとスタッフの協働作業により、素敵なアート商品が次々に誕生しています。

ぷかぷかさんたちが楽しい絵を描きます。その絵をどこに、どんなふうに使おうかと考えるスタッフがいます。色を塗るスタッフがいます。ぷかぷかさんも色を塗ります。ぷかぷかさんとスタッフのフラットな関係の「協働作業」の中で、こういった商品ができ上がってきます。これがぷかぷかさんたちと一緒に生きていくということです。そして、一緒に生きていくとこんなに素敵なものができ上がります。

こういう商品は、ほっこりあたたかなメッセージを社会に振りまきます。それは、私たちの心にあたたかなものをプレゼントしてくれます。そうやってみんなを幸せな気持ちにさせます。

その幸せな気持ちの中で、あらためて気がついたことがあります。「障害者は不幸しか生まない」という相模原障害者殺傷事件の犯人の言葉です。

「障害者は不幸しか生まない」？

ぷかぷかさんたちが生み出すものを見て、そんなふうに思う人はいません。

ですからこの言葉は、決して普遍的なものではなく、犯人がいた職場が、障がいのある人たちとそういう関係をつくっていたに過ぎません。「障害者は不幸しか生まない」と思うような関係です。犯人がいた職場は障がいのある人たちの「支援」の現場です。「支援」という、一見いいことをやっていそうな現場で、どうしてそのような貧しいとしか言いようのない関係が生まれてくるのでしょう。

「支援」という上から目線の関係は「1＋1＝1」の関係だと思います。相手を見下している限り、相手との関係から新しいものは生まれません。その関係からは、見下す側の人間の幅のものしか出てきません。だから「1＋1」はどこまでも「1」のものしか生まないのです。

右に紹介したTシャツやバッグは、ぷかぷかさんとスタッフのフラットな関係を元にした協働作業が生み出したものです。「1＋1」が「5」になるくらいの新しい価値を生み出しています。

彼らとおつき合いしながら、そこから何も生み出さないなんて、もったいないです。

何も生み出さないどころか、「障害者は不幸しか生まない」などと言い切り、相手を抹殺するところまでいってしまったのが相模原障害者殺傷事件だったと思います。

「障害者は不幸しか生まない」という言葉から、実際の事件へは大きな飛躍があります。でも少なくとも、そういう言葉、そういう言葉を生む関係がなければ、事件は起こらなかったかもしれないと思うのです。

犯人がもし「ぷかぷか」で働き、障がいのある人たちと一緒にいい一日をつくり出すような関係にあったなら、あのような事件は絶対に起こらなかったと思います。ひょっとしたら、ここに

こそ事件の本質があったのではないかと思います。犯人が障がいのある人たちとどういう関係にあったのか、ということです。

上の写真は「ぷかぷか」でやったアートのワークショップです。犯人が障がいのある人たちとこんなことを一緒に楽しむような関係にあったら、事件は絶対に起こらなかったと思うのです。

神奈川県の事件検証委員会は、津久井やまゆり園の現場で障がいのある人たちとスタッフがどういう関係だったのかを全く検証していません。単なる防犯上の問題であったと結論づけています。一番大事な問題をすり替えたのではないかと思っています。

ぷかぷかさんが生み出したアート商品が、今銀座の画廊に飾られています。プロの作品と一緒に並べられているのです。障がいのある人の作品が、そういうところで勝負しているのです。「ぷかぷか」は生産者とのコラボ商品を販売しています。コラボ商品のラベル（次頁写真左）、ＰＯＰなどはぷかぷかさんの絵、文字を使ってデザインしています。そういうラベル、ＰＯＰを使うことで商品価値が何倍にもなっています。

ぷかぷかさんと地域の人たちで一緒に作った芝居を、みどりアートパークのホールの舞台で発表しています。ぷかぷかさんたちがいてこそできる芝居です。その芝居には三百人のホールが満

杯になるほどのお客さんがやってきます。

こういったことを考えると「障害者は不幸しか生まない」といった言葉が、いかに狭い、貧しい世界から生まれたのかがよくわかります。犯人は福祉施設の元職員でした。閉じた狭い世界で障がいのある人たちとおつき合いしていたのだろうと思います。

8　たかが握手、されど握手

相模原障害者殺傷事件をテーマにした映画の上映会とトークセッションのあと、ロビーでぷかぷかさんたちとの握手会を企画しました。相模原障害者殺傷事件をテーマにしながら、何で握手会なの？　ということですが、ぷかぷかさんたちと握手して、

「ああ、なんてやわらかい手なんだ」

とか、

「あたたかい手だね」

っていうような出会いを、一人でも多くの人にやって欲しかったからです。

二〇一七年、瀬谷（横浜市）であった相模原障害者殺傷事件追悼集会に、昔「あおぞら市」で知り合った人が来ていました。三十年ほど前、瀬谷にある生活クラブのお店の駐車所で「あおぞら市」というのがあって、そこに養護学校の生徒たちと地域の人

たちで一緒に手打ちうどんのお店を出していました。その時にお手伝いに来ていた人が、容疑者の闇の部分が私にもあります、と発言していました。

《高崎さんに声をかけられて手伝いに行ったものの、障害のある人たちにどう接していいかわからず本当に困りました。「ああ、うう」とかしか言えなくて、よだれを垂らしながら歩き回っている人がいて、正直気持ち悪くて、私のほうへ来なければいいなと思っていました。ところがお昼になってご飯を食べるとき、たまたまテーブルがその子とお母さんが座っているテーブルしかあいてなくて、ここでやめるのも失礼かと思い、勇気をふるってそこへ座りました。その時、そのよだれを垂らしている子どもが私に向かって手を伸ばしてきました。ああ、困った、と思いながらも拒否するわけにもいかず、思い切って、本当に思いきってその子の手を握りました。

すると、その子の手が柔らかくて、あたたかいんですね。もう、びっくりしました。なんだ、私と同じじゃないかと思いました。この発見は私の中にあった大きなものをひっくり返した気がしました。

その子の柔らかくて、あたたかい手にふれるまで、その子をモノとしか見てなかったのです。容疑者とおんなじだと思いました。でもその子の手が、その闇から私を救い出してくれた気がしています。》

この方がおっしゃっていた、「ああ、うう」とかしか言えなくて、よだれを垂らしながら歩き回っている人は、私が昔担任していたケンタローです。私にとってはかわいくてかわいくてしょうが

ないほどの子どもでしたが、障がいのある人とおつき合いのない人にとっては、

《正直気持ち悪くて、私のほうへ来なければいい》

と思ってしまうような存在なんだろうな、と発言を聞きながら思いました。

障がいのある人たちのグループホーム建設反対を叫ぶ人たちも、多分同じなんだろうと思います。おつき合いがないから、

「彼らは犯罪を犯すんじゃないか」「だからここに来るな」「ここに住むな」「ここに障害者はいないほうがいい」

と犯人の発想と同じになってしまうのだと思います。おつき合いがないことがここまでの思い込みを生み、その単なる思い込みが、グループホーム建設をつぶすほどのチカラをもってしまう。とても怖いことであり、悲しいことだと思います。

ぷかぷかさんとの握手は、この障がいのある人への思い込みを一挙になくす、とても有効な方法だと思います。

《正直気持ち悪くて、私のほうへ来なければいいなと思っていた》

というその人の思い込みを一発でひっくり返してしまったのですから。

ぷかぷかさんと握手する、というのはこういう意味があるのです。相模原障害者殺傷事件を超える社会に向けて一歩前に踏み出すきっかけをぷかぷかさんとの握手はつくってくれます。

「たかが握手、されど握手」なのです。

ここから素敵な物語が始まるかもしれません。一歩前に踏み出せば、あとはあなたが主人公。ここからはあなたが彼らとの新しい物語をつくっていくのです。楽しい物語をたくさんつくってください。その楽しい物語こそが、社会を豊かにします。

二〇一八年の七月も神奈川県で相模原障害者殺傷事件に関する集まりがいくつかありました。内容を見ると、よほど興味関心がないと行けないような集まりでした。これだとテーマが重いだけに、先へ行けば行くほど参加者は先細りになっていく気がします。

相模原障害者殺傷事件は、こういったことに関心のない人、ふだん障がいのある人とおつき合いのない人にこそ関心をもって欲しいと思っています。そんな人も気楽に来られるように、相模原障害者殺傷事件をテーマにした集まりは、できるだけ敷居を下げ、間口を広げるようにしています。握手会の提案は、そんな思いから来ています。

事件を忘れないようにする。そのためには、関心のない人もちょっと行ってみようかなと思うような仕掛けが必要です。私たち自身が発想を変える、このことがすごく大事な気がしています。

9　障がいの重い子どもとの日々が楽しい

以前、NHK「ラジオ深夜便」で私が言った「障がいのある人たちとは一緒に生きていったほうがいい」という言葉に衝撃を受け、愛知から「ぷかぷか」を訪ねてきた人がいました。カツタさんといいます。私といろいろ話をしたあと、パン屋で体験実習をやり、演劇ワークショップに参加し、ぷかぷかさんたちと一緒に舞台に立つという大変な経験をしました。先日、大きく変わったその後の人生を話しに来てくれました。

「ラジオ深夜便」の言葉に出会う前は、相模原障害者殺傷事件の犯人の言葉に、否定しきれない自分がいた、自分の中にも彼らを別な世界の人として意識の外に追いやろうとしている感覚が確かにあった、と言っていました。ぷかぷかさんたちとの出会いを経て、今は障がいのある子どもと関わる仕事をしています。その変わりように注目したNHKが取材に来ていました。（これは後日「ＮＨＫスペシャル」で取り上げられました。二〇一八年七月二十一日放送。）

今、放課後デイサービスの仕事をしていて、高校生でうんこを漏らしてしまうほど障がいの重い子どもとの日々がすごく楽しい、とカツタさんは言います。障がいの重い子どもの世話はすごく大変です。でも、その子との日々が楽しい！　と言います。

ほんの二年前、「相模原障害者殺傷事件の犯人の言葉に、否定しきれない自分がいた、自分の中にも彼らを別な世界の人として意識の外に追いやろうとしている感覚が確かにあった」と言っていた人が、「障がいの重い子どもとの日々が楽しい！」と言うほどに変わったのです。その変わるきっかけをつくったのがぷかぷかさんたちとのおつき合いです。お店で一緒に働きながらのおつき合い、演劇ワークショップで一緒にお芝居をつくりながらのおつき合い、一緒に舞台に立つおつき合い。そんな様々なおつき合いの中でカツタさんは少しずつ変わっていったのです。

私たちがどんなに言葉を尽くしても、人をこんなふうに変えることはできません。それをぷかぷかさんたちは、アーダコーダと理屈っぽいことをひとことも言わず、人をこんなふうに深いところで変えてしまったのです。そういうチカラを彼らはもっているのだと思います。それは相模原障害者殺傷事件を超える社会をつくっていくチカラと言っていいと思います。

事件の犯人は重い障がいのある人たちと日々おつき合いがあったにもかかわらず、「障害者はいない方がいい」とか「障害者は不幸しか生まない」「障害者は生きている意味がない」などと言い、事件を起こしました。毎日、障がいのある人たちとどういうおつき合いをしていたのか、と思います。

カツタさんは同じように重い障がいをもった人たちとおつき合いしながら、毎日楽しくてしょうがない、と言います。

この違いは、なんなのでしょう。本人の感性の違いもありますが、結局はそれぞれの福祉の現場が、障がいのある人たちと、どのようなおつき合いをしているかがやはり大きいと思います。

10 生産性のない人が社会に必要な理由

相模原障害者殺傷事件の犯人は、重い障がいのある人たちは社会にいないほうがいいと言いました。手ばかりかかって、生産性のない人はいないほうがいい、と。生産性のない人は本当にいないほうがいいのでしょうか。

社会は男ばっかりでは気色悪いし、女ばっかりでも同じです。年寄りばかりでは元気が出ないし、若者ばかりでは経験の蓄積がありません。生産性のある人ばかりだったり、何事もスピーディにこなす人ばっかりだと、これもなんかすごく疲れる感じがします。

やっぱり社会には男がいて女がいて、年寄りも若者もいて、生産性のある人もいて、ない人もいて、スピーディに物事をこなす人もいれば、なかなかこなせない人もいる、つまり、いろんな人がいたほうがいい。このいろんな人がいること、いられること、それが社会の豊かさではないかと思います。自分と違う人たちと、どうやったらお互い気持ちよく暮らせるのか、そのことを考えることが人を豊かにします。

「ぷかぷか」のある町にはインド人がたくさん住んでいます。彼らはゴミを出すマナーがなっていないとか、集会室を使うマナーがひどいとか、いろいろ文句を言う人がいます。でも、そもそも生活習慣が違う上に、言葉がわからなければ、トラブルが起こるのは当然です。ゴミ出しのルールを英語で書き、きちんと説明する、集会室を使うルールも英語で書き、きちんと説明する、といったことを実際にやるなかで、ずいぶんトラブルは減りました。

地域に外国の人がいる、ということは、それだけで地域が豊かになります。「ぷかぷか」ではインドの方をお呼びして料理教室をやろうと思っています。本物のインドカレーを作り、おいしいナンを焼いて食べます。こんなことはインドの方がいてこそできることです。

みんながそんなふうに、自分たちと違う人がいることを楽しめれば、お互い気持ちよく暮らせるだけでなく、社会そのものが豊かになります。


「ぷかぷか」に来るとホッとする、と言う人が多いのは、社会に欠けているものが「ぷかぷか」にはあるからだと思います。あれができない、これができない、ああいう問題がある、こういう問題がある、と社会から排除されている障がいのある人たちが、「ぷかぷか」では元気に、笑顔で働いています。そこに来てホッとする、というのは、排除してしまったものが、実は社会には本当は欠かせないものだった、ということではないかと思います。

「ぷかぷか」にあるホッとするような空気感は、社会が排除した人たちがつくり出したものです。社会が排除したものに、社会が癒やされる、というこの大いなる皮肉。


セノーさんの話を例に、この問題を考えてみます。

セノーさんは、働かない、を理由に作業所で居場所を失い、「ぷかぷか」に来ました。働かない、つまり生産性がないことを理由に、そこから排除されたのです。障がいのある人が働く作業所でありながら、生産性を第一とする社会の論理がそのまままかり通っていたようです。ですからセノーさんは、社会から排除された、と言ってもいいでしょう。

その社会から排除された人が今どうしているか。

セノーさんは毎日郵便局に前日の売り上げの入金に行きます。セノーさんは入金伝票に「ぷかぷか」のはんこを押し、金額を書き込む仕事をします。はんこを押すために窓口のお姉さんにスタンプ台を借ります。セノーさんはふだんから言葉がなかなか出てこない人です。「あ〜〜〜」と言うばかりで、なかなか言いたい言葉が出てきません。郵便局でも、

「スタンプ台貸しててください」

という言葉がなかなか出てこなくて、でも、窓口のお姉さんたちは、言葉が出てくるのを毎日待っていてくれました。毎日待っているうちに、その待つ時間がとても楽しくなって、セノーさんが来るのを楽しみにするようになりました。

「今日も面白かったね」「今日はこんなこと言ったよ」「今日はまだ来ないね、どうしたのかしら」と、郵便局のお姉さんたちの話題になっていると局長さんが話してくれました。

セノーさんは「あ〜〜〜」と言いながら、郵便局を耕していたのです。郵便局のお姉さんたちの心を癒やしていたのです。

郵便局のお姉さんたちと障がいのある人との素敵な出会いをセノーさんはつくってくれたのです。セノーさんと出会うことで、郵便局のお姉さんたちの、人としての幅がグ〜ンと広がったと思います。

仕事をバリバリやる人、言い換えれば、生産性の高い人が郵便局に行っても、こんな素敵な出会いはつくれません。ただ入金の仕事をそつなくこなしてくるだけです。セノーさんは入金の仕事をそつなくこなすことはできませんでした。でもそれ故に、人を豊かにする素敵な出会いをつ

学生さんとぷかぷかさんですごろくワークショップ。いろんなお話をしました

くりました。これが、「セノーさんという仕事」です。社会から排除された生産性のない人が社会に必要な理由です。

11　福祉を腐らせないために

知り合いがやまゆり園事件を考える集まりに参加し、保護者の方のお話を聞きました。シンポジウムの最後のほうで、フロアからやまゆり園の元入所者で、地域のグループホームに移った息子さんをもつお父さんが発言されました。

《やまゆり園の事件でいろいろ報道され、語られ、論じられているけれど、あの事件で殺された人たちがやまゆり園の中でどういう生活をしていたのか、全く報じられていない。

七月二十一日のNHKスペシャルで、端なくも、やまゆり園の支援の質と移転した先のグループホームの支援の質の違いがくっきり出ていたけれど、やまゆり園では一日二時間の活動しかなく、土日はなにもない。一日ボーッと過ごすだけ。そんな生活を「亡くなった利用者さんたちはみな、園で穏やかに暮らしていた」と法人側は言うけれど、こんな生活を五十年も続けていたら、誰だって生きる目的、意欲を失い、自分の意思や願いを表出することを諦めてしまう。》

利用者さんだけでなく、スタッフもそういう環境の中でものを考えなくなります。

その人たちを「コミュニケーションがとれない」「生きていても仕方がない」人と植松容疑者は線引きして殺したわけだけれど、そこで自分たちの支援のあり方を顧みたり、望んで施設で暮らしているわけではない、家族や社会の都合でそうせざるを得ないというそれぞれの人が背負う背景、事情に一片の理解を寄せることもなく、援助の仕事をしていた自分を顧みることはないのです。それを利用者家族から、あるいは職員間で問われることも、閉ざされた施設の中ではなかったのでしょう。

そして津久井やまゆり園を運営する社会福祉法人かながわ共同会のホームページでは、事件に関する検証が全くありません。あれだけの事件があり、ここの元職員が起こした事件にもかかわらず、謝罪の言葉がひとこともありません。この無責任さにはあきれました。

この法人は神奈川県の職員の天下り先として有名なところです。だから県の検証委員会は施設に不都合なことは書かなかった、いや、「書かせなかった」のかもしれません。そして不都合な部分は法人としても検証しない。

福祉が、こういうところで腐っていきます。

福祉を腐らせないために、私たちはどうしたらいいのか。それは「ぷかぷか」の目標に書いているように、

「障がいのある人たちと一緒にいい一日をつくり続ける」

こと、その中から、

「障がいのある人たちとは一緒に生きていったほうがいい」

と思える確かな「文化」を創り出すこと、そして、

「それに共感する人を増やすこと」

だと思います。

障がいのある人たちを排除する「文化」に対して、彼らを排除しない「文化」を彼らと一緒に

創り出すのです。その文化は、息苦しい思いをしている私たちをも救います。「ぷかぷか」に来るとホッとする、というお客さんが多いのは、そのことを語っています。

その「文化」がどういうものか、「ぷかぷか」はそういうものが見える映画を毎年のように上映しています。

演劇ワークショップの記録映画（今まで三本の記録映画を作りました）は、彼らとクリエイティブな関係で創り上げるワークショップの空間がいかに豊かな世界か、ということがストレートに伝わってきます。六カ月かけて創り上げた芝居は、障がいのある人たちがいないとできない芝居です。徐々に見えてきたやまゆり園の世界とは正反対の世界です。

そういったものを私たちがどこまで創り上げることができるか、ということが、今、問われているのだと思います。やまゆり園のあり方を批判するだけでは前に進まないのです。

相模原障害者殺傷事件を超える社会をつくる、というのは、やまゆり園の世界とは正反対の世界を私たちがつくり出せるかどうか、ということだと思います。アーダコーダの議論も大切ですが、それよりも大切なのは、正反対の世界を実際につくることです。

12 「NHKスペシャル」で見えてきたこと

二〇一八年七月二十一日に放送された相模原障害者殺傷事件をテーマにした「NHKスペシャル」で、やまゆり園の現場が重い障がいのある人にどのように対応していたかがよくわかる映像がありました。

徘徊がひどく、見守りが困難だとして、毎日のように「身体拘束」される女性の話がありました。多い日は一二時間を超えることもあったそうです。その結果、女性はだんだん意思を示さなくなったといいます。

私は映像を見るだけで辛くなりましたが、現場のスタッフで、こういうやり方はおかしい、こんなことはやめよう、と思う人はいなかったのでしょうか。一二時間を超える「身体拘束」は、どう考えても異常事態であり、明らかに人権侵害です。誰が見ても、これは「支援」ではなく、「虐待」です。

結局のところ、こういうことに心を痛める人がいないような支援の現場だったのではないかと思います。

事件は犯人の特異性によるものとされていますが、現場のこういう雰囲気こそが、犯人の障がいのある人を見る目を養ったのではないかと思います。

障害者問題総合誌『そよ風のように街に出よう』終刊号で、相模原障害者殺傷事件についての対談がありました。

《……ボクも植松くんに精神障害っていうレッテルを貼って解決する問題ではないと思っています。ではどうして彼のような人間が生まれたのか。植松くんは施設に勤めている時は非常に腰が低いというか「これから勉強します」っていう、仕事に対して前向きな、いい青年らしい発言をしているわけですよね（正式採用後、「津久井やまゆり園」家族会の機関誌「希望」に記載された彼の挨拶文）。そういう青年が三年間施設にいて、最後の数ヶ月であういう精神状況に変貌し

たと思いますけれども、どうしてこういうふうになっちゃうのかなと、そこをボクは一番考えたいなと思ってます。》

《前の家族会の会長もいってましたけど（二〇一七年二月二十七日、就労支援施設「シャロームの家」主催の集会での尾野剛志さんの講演）、日頃ごろごろ寝転んでテレビばっかり見てたり、そんな職員が目立ってた。そこに突然彼が行ったらびっくりして飛び上がるって……》

そんな話と、「ＮＨＫスペシャル」の映像が重なってしまうのです。これは二〇一七年の七月に書いたブログです。

《七月二十六日のやまゆり園事件追悼集会で出会った家族会の方も、ＮＨＫ「クローズアップ現代」で取り上げられた植松被告の手紙にあった「障がい者が不幸の元」という考え方に確信をもったのはやまゆり園で勤務した三年間だった、と書いていることについて、

「彼は最初はそれなりの思いをもってやまゆり園にきたのだと思います。でも、現場がひどすぎた。だからそんなふうに思ってしまったんだと思いますよ」

とおっしゃっていました。》

相手を殺すところまで行ってしまったのは、やはり犯人の特異性が大きな部分を占めるのだろうと思います。でも、事件の動機となる障がいのある人を見る目線は、やはり現場の雰囲気で養われたのではないかと思います。やまゆり園で勤務する前は、障がいのある人にほとんど関わっていないのですから。

彼が働いた現場が障がいのある人たちとどのように関わっていたのかの検証はとても大事だと思うのですが、神奈川県の検証委員会では全くやっていません。どうしてこの一番大事な、核心部分とも言えるところを検証しなかったのか。福祉施設の安全管理体制が問題だった、と書くことで、何かすごく大事な問題をすり替えている気がします。

たまたま「NHKスペシャル」で明らかになった「重い障がいをもった人を一二時間も身体拘束をする」といった異常な事態が支援の現場でどうして起こったのか、保護者の方が言っていた「現場がひどすぎた」とは具体的にどういう事態だったのか、「障がい者が不幸の元」という考え方に確信をもったのはやまゆり園で勤務した三年間だった、という犯人の言葉の検証等々、津久井やまゆり園という支援の現場が障がいのある人たちとどのような関わりをもっていたのか、という問題です。

どうしてそこにこだわるのか。それは「ぷかぷか」のように、「いい一日を一緒につくり出すような関係」を障がいのある人たちとつくっていたら、事件は起きなかった、と思うからです。一九名の命は奪われることはなかったと思うのです。だとすれば、事件の責任はどこにあるのか、犯人一人の責任にすればすむ話なのかどうか、です。

13　黙々といい一日をつくり続ける

北海道の滝上という山の中に「森の子どもの村」があります。子どもが小さい頃、何度かキャンプしに行きました。その縁で毎年この時期になるとそこの通信が送られてきます。通信の中に必ず三三年前の事故にふれるページがあります。

キャンプの活動中に交通事故で子どもが二人亡くなりました。そのことをずっと背負い続けているチコさんが亡くなった二人への思いを毎年書いています。心に響く言葉があったので紹介します。

《……事故のあと、子どもの村を続けたことが正しい選択だったのかと問われれば、いまだわかりません。亡くなった二人に対して、何を残していけばよいのか、いつも迷います。

ただ、ただ伝えたいです。

生きているコト、誰かを大切に思うコト、誰かと一緒に生きるコト。

泣いて、食べて、笑って、怒って、また笑うコト。

それがどんなにすごいコトなのか。大切なコトなのか。

教訓とか、むつかしい言葉ではなくて、夏の陽ざしや、木のかげや、川の音や、風の香りにまぎれて、伝わってくれたらなぁ、と思います。

今年も夏が来ます。ホコリとケムリと夏の匂いのする子どもたちが、いろんなコトをやらかす季節が来ます。

誰の顔も、帰る時にはぴかっとしているといいな、と思います。》

「ぷかぷか」は毎日、ぷかぷかさんと過ごす日々の出来事をＦａｃｅｂｏｏｋなどで発信しています。それは彼らと過ごす日々こそが大切だと思うからです。いい一日を彼らと一緒につくり出すことが大事だと思うからです。そして彼らとつくり出す日々が、彼らと一緒に過ごす日々が、誰かに伝えたいくらい輝いているからです。

《生きているコト、誰かを大切に思うコト、誰かと一緒に生きるコト。
泣いて、食べて、笑って、怒って、また笑うコト。
それがどんなにすごいコトなのか。大切なコトなのか。
教訓とか、むつかしい言葉ではなくて、夏の陽ざしや、木のかげや、川の音や、風の香りにまぎれて、伝わってくれたらなぁ……》

というチコさんの思いと同じです。

相模原障害者殺傷事件に関して、いろいろむつかしい議論があります。でもね、何よりも大事なことは、彼らと過ごす日々であって、そのいい一日を毎日丁寧に、彼らと一緒につくり出すことだと思います。

「障害者はいないほうがいい」「障害者は不幸しか生まない」「障害者は生きる価値がない」

などと言われたその障がいのある人たちと一緒に、黙々といい一日をつくり続けるのです。

そうやってつくり上げた一日の輝きこそが、本当に「障害者はいないほうがいい」のか、本当に「障害者は不幸しか生まない」のか、本当に「障害者は生きる価値がない」のか、と問い続けるのだと思います。

そして〈一緒に泣いて、食べて、笑って、怒って、また笑う〉日々をたくさんの人に伝えたい。「ぷかぷか」のＦａｃｅｂｏｏｋには、彼らとの楽しい日々が毎日アップされています。

「あっ、面白そう」

って思っていただけたら、ぜひ「ぷかぷか」のお店に来て欲しい。お店で、彼らのそばを流れる時間の心地よさ、あたたかさをひととき味わって欲しい。そうして

「彼らって、いたほうがいいね」

って、ほんのちょっとでも思っていただければ……と思います。

14　重い問い

事件で犠牲になった人たちは、

「何もしていない私たちが、どうして殺されなければいけないの？」

とやりきれない思いで死んでいったのだと思います。それは犯人だけではなく、私たちみんなに対する問いだったと思います。

その問いに私たちはどう答えるのか。簡単に答えの出るものではありません。でもこの問いこそが、この社会において彼らと私たちの関係を端的に表すものだと思います。そしてこの問いと格闘することは、私たち自身がこの病んだ社会で人間を取り戻す作業でもあると思うのです。

★相模原障害者殺傷事件に関して九十本以上のブログをアップしています。悲しくて、悔しくて、書いても書いても書ききれない気がしたからです。「ぷかぷかパン」検索→「ぷかぷか」のホームページ左メニュー欄「相模原障害者殺傷事件を超えるために」のタグをクリックしてください。

あとがきにかえて
――「ぷかぷか」は、分けられた社会を今日もせっせと耕しています

「ぷかぷか」は、

「障がいのある人たちとは一緒に生きていったほうがいいよ」

「そのほうがトクだよ」

と言い続け、そのことを実感できる関係を様々な形でつくってきました。そのおかげで「ぷかぷか」のまわりには、障がいのある人はいて当たり前であり、むしろいたほうがいいと思う人がたくさんいます。彼らとの関係も、上から目線で何かやってあげるとか支援するとかではなく、どこまでも「一緒に生きていくといいよね」「一緒にいると心ぷかぷかだよね」という関係です。


ところがまわりを見渡すと、全く違う関係が広がっています。すぐ近くで障がいのある人たちのグループホーム反対の声があがりました。

「障害者は犯罪を犯す。だから彼らのグループホームができるととても不安。地域社会の治安が悪くなる」

といった声です。障がいのある人たちとおつき合いしている人であれば、こんなふうには思いません。相手を知らないということが、ここまでひどい偏見、思い込みを生むのだと思います。

なによりも怖いのは、そういった大人たちの思い込みがそのまま子どもたちに引き継がれるこ

とです。排除・差別の再生産です。そんなことが子どもたちに引き継がれていくとき、社会はどんどん貧しくなっていきます。

どうしてこういったことが起こるのか。それは小さなときから障がいのある人たちと健常と言われる人たちが分けられていることが大きな原因だと思います。障がいのある人たちのことを知る機会がほとんどないのです。

障がいのある子どもたちはたいてい特別支援学校、特別支援級に振り分けられ、よほど希望しないと普通級には行けません。時々健常児との交流が行われたりはしますが、日々の暮らしの中でのふつうのおつき合いはほとんどありません。

いろんな人とおつき合いをするなかで人間は豊かになっていきます。一番人間ができていく子どもの頃に障がいのある子どもたちとおつき合いする機会がない、というのは人間形成の上ですごくもったいないと思います。いろんなことができなくても、その子のそばにいると、なぜかあたたかな気持ちになれること、幸せな気持ちになれること、これはどうしてなんだろうって考えることは、子どもの心を豊かにします。障がいのある子どもたちといると楽しい、という発見は、一緒にいたほうがいい理由をストレートに子どもたちに教えてくれます。

子どもたちがいずれ社会を担うことを考えれば、障がいのある子どもとおつき合いする機会がないことは、大きな社会的な損失と言ってもいいくらいです。

学校を卒業してからも、一般就労して社会に出られるのは、ごく一部のいろいろ仕事のできる人たちです。障がいのある人たちの多くは、生活支援とか就労支援、地域作業所、特例子会社など、福祉の世界に入り、やはり健常と言われる人たちと交わる機会はほとんどありません。

同じ社会にいながら、障がいのある人たちとおつき合いする機会がない、というのは、社会にひずみをもたらします。おつき合いがなければ、社会の多くの人は「障害者はなんとなくいや」「こわい」「近寄りたくない」「社会のお荷物」「生産性が落ちる」などと思ってしまいます。そういう思いが様々な形で彼らを私たちのまわりの社会から排除してしまいます。

彼らを排除すると、その分、社会が許容する人間の幅が狭くなり、お互い窮屈な社会になります。私が私らしくある、という当たり前のことが、とてもやりにくくなり、息苦しい社会になります。「ぷかぷか」に来るとホッとする、というお客さんが多いのは、その息苦しい社会を反映しているのだと思います。

「ぷかぷか」は就労支援の事業所です。一般企業で働けない障がいのある人たちの働く場です。そういう意味では、障がいのある人たちと健常者を分ける仕組みの一つになっています。でも、お客さんは「ぷかぷか」に来るとホッとする、と言います。どうしてなのでしょう。

それは多分、ぷかぷかさんたちがありのままの自分を出して働いているからだと思います。「ぷかぷか」では、彼らは社会に合わせるために自分を押し殺してしまうのではなく、ありのままの自分で働いています。ああしなければいけない、こうしなければダメ、といった「社会の規範」に縛られることなく、それぞれの自分らしさを存分に出して働いています。

そのことが「ぷかぷか」の自由な空気感を生み出しています。その空気感の中で、お客さんはホッとした気分になるのだと思います。私が私らしくあることの大切さを、「ぷかぷか」の自由な空気感の中で思い出すのだと思います。ホッとした気分の中で、ぷかぷかさんたち、つまりは、障がいのある人たちはやっぱり社会にいたほうがいいよねって、お客さんたちは多分、思います。

「彼らに、私たち救われてるのかも」

とひょっとしたら思います。

こんなふうにして「ぷかぷか」は、仕事をしながら、障がいのある人たちと健常者と分けられた社会を今日もせっせと耕し、

「一緒に生きていくといいよね」

ってみんなが思える社会をつくっているのです。誰にとっても居心地のいい社会です。

『ぷかぷかな物語』いかがでしたか？　養護学校で障がいのある子どもたちに惚れ込んだところから始まった物語です。最初にビジョンがあってできた物語ではなく、彼らと一緒に生きていくなかで生まれた物語です。物語はまだまだ進行中です。これからどんなふうに進んでいくのか、どんなふうに広がっていくのか、すごく楽しみです。

たくさんの人たちのおかげでこの本はでき上がりました。「ぷかぷか」で働くぷかぷかさんたち、スタッフのみなさん、地域の人たち、「ぷかぷか」のファンのみなさん、演劇ワークショップの進行役をやってくれた演劇デザインギルドの人たち、区役所の人たち、「ぷかぷか」のプロモーショ

ンビデオを作ってくれたＰＶプロボノの人たち、本をまとめてくれた現代書館の小林律子さん、素敵な本に仕上げてくれたデザイナーの奥冨佳津枝さん、生活を共にしている連れ合い、そのほかたくさんの人たちのおかげでこの本はできました。本当にありがとうございます。

二〇一九年三月

高崎　明

高崎　明（たかさき・あきら）

NPO法人ぷかぷか理事長。
二〇一〇年三月まで約三十年間、養護学校教員を務め、惚れ込んだ障がいのある人たちと一緒に働く場「ぷかぷか」を二〇一〇年四月より始める。パン屋（「カフェベーカリーぷかぷか」）とカフェから始め、四年後に「おひさまの台所」（弁当、惣菜のお店）、五年後に「アート屋わんど」（アートスタジオ）、八年後にカフェに代わって「ぷかぷかさんのお昼ご飯」（ぷかぷかさんと一緒にお昼を食べる食堂）を始めた。現在四店舗。「ぷかぷか」で働く障がいのある人（ぷかぷかさん）は開店当初は一〇名、九年たった現在は四二名。スタッフは二七名。

カフェベーカリーぷかぷかの住所：
横浜市緑区霧が丘3丁目25-2-203
電話：045－921－0506
ホームページ：https://www.pukapuka.or.jp/
ホームページアクセス数は41万、ブログのアクセス数は37万を超える（2019年3月現在）。

ぷかぷかな物語《ものがたり》
——障《しょう》がいのある人《ひと》と一緒《いっしょ》に、今日《きょう》もせっせと街《まち》を耕《たがや》して

二〇一九年四月二十日　第一版第一刷発行

著　者　高崎明
発行者　菊地泰博
発行所　株式会社 現代書館
東京都千代田区飯田橋三-二-五
郵便番号　102-0072
電　話　03（3221）1321
FAX　03（3262）5906
振　替　00120-3-83725

装幀・組版　奥冨佳津枝
カバー題字　紺野　亨
カバー装画　佐藤隆信
本文イラスト　三好　綾
印刷　平河工業社（本文）
　　　東光印刷所（カバー）
製本所　鶴亀製本

校正協力　渡邊潤子

ISBN978-4-7684-3571-7
定価はカバーに表示してあります。落丁本・乱丁本はお取り替えいたします。
http://www.gendaishokan.co.jp/

現代書館

特定非営利活動法人 共同連 編

日本発 共生・共働の社会的企業

――経済の民主主義と公平な分配を求めて

障害者、薬物・アルコール依存者、シングルマザー、ホームレス、ニートなど、社会的に排除されやすい人を一定割合雇い、ソーシャルインクルージョン（共に働く）と平等な分配を追求する社会的事業所の意義と取り組み、促進のための制度を考える。

2000円＋税

パンジーさわやかチーム・林 淑美・河東田 博 編著

知的しょうがい者がボスになる日

――当事者中心の組織・社会を創る

知的障害者授産施設（現・生活介護）パンジーで、当事者自身が施設運営する組織にすべく特別チームが取り組んできた二年間の軌跡。戸惑い、不安、仲間の離脱という挫折を乗り越え、見えてきた展望。そこに至る本人エンパワメントと支援者の関わりの記録。

1800円＋税

ビル・ウォーレル 著／河東田 博 訳

ピープル・ファースト：当事者活動のてびき

――支援者とリーダーになる人のために

「ピープル・ファースト＝障害者ではなくまず人間である」。知的障害者の当事者運動発生の地、カナダのピープル・ファーストで作られた『支援者のための手引き』と『当事者リーダー養成のための手引き』を日本向けに翻訳。当事者活動の土台作りのために。

1600円＋税

ジョン・マクレー 著／長瀬 修 監訳／古畑正孝 訳

世界を変える知的障害者：ロバート・マーティンの軌跡

親の虐待、精神遅滞児施設での放置、暴力に苦しみ、何もわからない無価値の存在と思われていた一人のニュージーランド人が、適切な支援を得て語りはじめ、「人」として認められ、国連障害者権利条約特別委員会で発言。国際社会を動かすまでの感動の物語。

2200円＋税

カリフォルニア・ピープルファースト 編／秋山愛子・斎藤明子 訳

私たち、遅れているの？［増補改訂版］

――知的障害者はつくられる

親、施設職員や教員など周囲の人々の期待の低さや抑圧的環境が知的障害者の自立と成長を妨げていることを明らかにし、当事者自身が必要なサービス、制度を提言した報告書『遅れを招く環境』の翻訳。増補でサービス支給プロセスへの当事者参画を紹介。

1800円＋税

児玉勇二 著

知的・発達障害児者の人権

――差別・虐待・人権侵害事件の裁判から

自閉症の子をもつ弁護士である著者が関わった、自閉症（発達障害）・知的障害のある障害児・者に関する虐待事件、教育・労働問題等の18の裁判事例から、知的障害者の供述の信用性、障害者の逸失利益を検討し、障害者の奪われた人権の回復の道筋を追う。

2000円＋税

横田 弘 著／立岩真也 解説

【増補新装版】障害者殺しの思想

七〇年代の障害者運動を牽引し、健全者社会に対して「否定されるいのち」の立場から鮮烈な批判を繰り広げた青い芝の会の「行動綱領」を起草、思想的支柱であった故・横田弘の原点的書の復刊。相模原障害者殺傷事件で再び注目された横田の思索。

2200円＋税

定価は二〇一九年四月一日現在のものです。